DER GOLDFISCH IST UNSCHULDIG

Für Emma Mae

- Kinder- und Jugendbuchpreis der Stadt Oldenburg | 2019
- Österreichischer Kinder- und Jugendbuchpreis | Kollektion, 2019
- White Raven | 2019

2. Auflage 2020
© 2018 Verlagsanstalt Tyrolia, Innsbruck
Umschlagillustration: Birgitta Heiskel
Layout: Nele Steinborn
Schriften: Wallet felt, Cambria, Calibri und Liebe Fish
Druck und Bindung: FINIDR, Tschechien
ISBN 978-3-7022-3699-1

E-Mail: buchverlag@tyrolia.at
Internet: www.tyrolia-verlag.at

Gefördert von der Kulturabteilung
der Stadt Wien, Literatur

Tanja Fabsits

DER GOLDFISCH IST UNSCHULDIG

Tyrolia-Verlag Innsbruck–Wien

GOLDIE

Fast wäre ich heute zum Mörder geworden. Das ist Papas Schuld. Goldie kann nichts dafür, dass ich sie aus dem Weg schaffen wollte.

Ich warf sie aus dem Fenster. Dritter Stock Altbau, gepflasterter Innenhof. Unter normalen Umständen hätte sie das nicht überlebt.

Aber Signore Montesanto, unser italienischer Hausmeister, brachte gerade den Müll hinaus. Die Tonne stand offen und der Mist bremste Goldies Fall. Trotzdem standen ihre Chancen ziemlich schlecht. Ich hastete sofort die drei Stockwerke hinunter. Denn zum Mörder, das war mir plötzlich klar geworden, tauge ich nicht.

Zum Glück hatte der Hausmeister schnell reagiert. Als ich unten ankam, schwamm Goldie schon in einem Suppentopf. Ihr Glas lag zerbrochen im Müll. Sie lebte noch, ich war heilfroh.

„Danke", sagte ich. „Das ist mein Goldfisch."

Ich dachte, der Signore würde mir Goldie zurückgeben und die Sache wäre erledigt. Aber er rührte sich nicht und sagte bloß: „Das ist mein Suppentopf." Damit hatte er Recht und plötzlich bekam ich Angst, er würde Goldie in dem Topf zu Suppe kochen.

Ich tat, was ich immer tue, wenn ich nicht weiterweiß: Nichts. Eine Weile musterten wir uns stumm. Auf der einen Seite ich – ohne Brille (die hatte ich vergessen), ohne Freunde (die hatte ich nie gehabt) und nun sogar ohne Fisch. Ich zitterte wegen der Novemberkälte und wegen der Aufregung. Auf der anderen Seite Signore Montesanto, der die Kälte nicht zu spüren schien. Er stand aufrecht wie sein Besen, mit meinem Goldfisch im Suppentopf unterm Arm. Der Signore schaute mir direkt in die Augen und sah aus, als würde er in aller Seelenruhe den nächsten Zug einer kniffligen Partie Schach überlegen. Da war mir klar, dass er Goldie nicht so einfach herausrücken würde.

Also versuchte ich es mit: „Das war ein Unfall. Könnten Sie mir bitte meinen Fisch geben und meiner Mutter nichts davon sagen? Bitte." Mama hatte nämlich schon genug Sorgen mit Papa. Das mit dem Fisch musste ich also alleine lösen.

„Könntest du bitte das Stiegenhaus kehren? Im dritten Stock ist es besonders schmutzig." Der Signore hielt mir seinen Besen unter die Nase.

Erpressung! Gemeine Erpressung war das! Aber er hatte Goldie. Im Suppentopf. Essen Italiener Goldfischsuppe? Ich wusste es nicht. Also nahm ich den Besen.

„Und dann bekomme ich meinen Fisch? Lebend?", wollte ich wissen.

„Dann bekommst du deinen Fisch, auf meine Ehre", nickte er und wir wussten beide: Hier hatten ein Lügner und ein Erpresser eine Abmachung getroffen. Jetzt waren wir Komplizen.

Als ich eine Stunde später im Souterrain an seine Tür klopfte, hatte der Signore Kaffee für uns gekocht. Richtigen Kaffee, nicht dieses Zeug für Kinder, das riecht wie Schokolade, die in nassen Gummistiefeln vergammelt ist. Der Kaffee schmeckte scheußlich, aber ich genoss jeden bitteren Schluck – wer das Zeug hinunterbrachte, war ja praktisch schon erwachsen!

Ich war zum ersten Mal in der Hausmeisterwohnung. Alles hier schien in ein warmes Braun getaucht, wie auf einer alten

Fotografie. Im Wohnzimmer schlängelte ich mich durch ein Labyrinth aus Bücherstapeln. Auf einem Arbeitstisch und über den Büchern waren alte Landkarten ausgebreitet. „Terra incognita" konnte ich im Vorbeigehen entziffern.

„Setz dich", der Signore klopfte auf einen Platz neben sich. Er saß auf einem Sofa, das irgendwann einmal rot gewesen sein musste, oder auch grün. Es sah aus wie ein Wal, der in einer Bibliothek gestrandet war, und war auch ungefähr so bequem.

Für einen Moment war ich wunderbar zufrieden. Der Kaffee legte sich auf meine Zunge, die Pfeife von Signore Montesanto qualmte süßlich und Goldie plantschte entspannt in ihrem Suppentopf.

Fast hätte ich meine Probleme vergessen. Aber sie holten mich schnell wieder ein.

„Was sagt dein Vater dazu, dass euer Goldfisch aus dem Fenster springt?", fragte der Signore.

„Mein Vater?" Beinahe verschluckte ich mich an meinem Kaffee.

Der Signore nickte und sah mir forschend in die Augen. Ich spürte, wie mir heiß wurde. Die Sache mit meinem Vater war nämlich mehr als kompliziert. Also entschied ich mich für die Ausrede, die Mama gerne verwendete:

„Mein Vater sagt nicht viel. Mein Vater ist krank."

„Ach? Was hat er denn?"

„Der Rücken, Sie wissen ja …" Auch das sagte Mama immer. Da denkt jeder über 30 an seinen letzten Hexenschuss, verzieht das Gesicht und vergisst die Frage. Dann braucht man nie mit der Wahrheit herauszurücken.

Der Signore kannte aber offenbar keine Rückenschmerzen. Stiegenkehren scheint sehr gesund zu sein.

„Ich habe keine Ahnung", sagte er und rührte in seinem Kaffee. „Wie ist das so mit dem Rücken?"

Jetzt war ich am Ende mit Mamas Ausreden. „Ja, also, mein Vater muss ziemlich viel liegen", improvisierte ich, „und er hat nicht viel Lust zu reden."

Was sollte ich dem Signore denn sonst sagen? Dass Papa kein einziges Wort mehr mit mir sprach? Dass er seit Wochen nur den blöden Goldfisch anschaute, mich aber nicht? Dass ich nur deshalb Goldie aus dem Fenster geworfen hatte?

„Soso, keine Lust." Der Signore hob eine Augenbraue, fragte aber zum Glück nicht mehr weiter. Vielleicht spürte er, dass ich nicht über Papa reden wollte.

Für eine Weile schwiegen wir beide. Der Signore sog genüsslich an seiner Pfeife.

„Warum sagen eigentlich alle Signore Montesanto zu Ihnen? Sie klingen gar nicht wie ein Italiener ...", unterbrach ich schließlich die Stille.

„Ich bin schon mein ganzes Leben hier, aber mein Vater war Italiener. Daher der Name. Und es gibt noch einen zweiten Grund ..." Der Signore klopfte seine Pfeife aus. „Willst du ihn hören?"

Ich nickte.

„Hast du es eilig?"

Ob ich es eilig hatte? Ich dachte an meine Eltern oben in der Wohnung. Papa lag auf der Couch und tat nicht viel. Gar nichts, um genau zu sein. Wenn es stimmte, dass man Löcher in die Wand starren kann, dann musste das Haus demnächst einstürzen. Und wenn Mama zu Hause war, dann kochte sie und putzte und tat hundert andere Dinge gleichzeitig. Seit Papa mit dem Goldfisch um die Wette starrte, rotierte sie tagsüber wie ein

Kreisel, bis sie am Abend plötzlich stehen blieb und ins Bett fiel. Ich hatte hauptsächlich das Gefühl, im Weg zu stehen.

„Eilig? Nein, ich habe es nicht eilig."

„Gut." Der Signore lächelte und schenkte Kaffee nach.

„Kannst du ein Geheimnis für dich behalten?"

„Wie ein Toter!"

„Ich denke, so weit müssen wir nicht gehen." Er sagte das sehr ernst.

„Aber ich bin vorsichtig – aus Gewohnheit. Als Geheimagent musste ich immer vorsichtig sein."

Ich glaubte, mich verhört zu haben.

„Sie waren Geheimagent?"

„Natürlich – denkst du denn, ich hätte immer nur Böden geschrubbt?" Er schnaubte entrüstet Rauchkringel in die Luft. „Mein Deckname war ‚Monsignore' – Montesanto und Signore, du verstehst?! Es war eine aufregend schöne Zeit."

Ich kniff die Augen zusammen. Hielt mich der Signore für ein kleines Kind, dem man Märchengeschichten auftischen konnte? Unser Hausmeister ein Geheimagent, ja sicher! Andererseits ... Ich musterte ihn möglichst unauffällig: Der Signore trug immer einen schwarzen Anzug, auch wenn er das Stiegenhaus kehrte, und der Anzug saß immer tadellos. Ich hatte mir nie etwas dabei gedacht, ich kannte es ja nicht anders. Aber jetzt musste ich zugeben, dass es wahrscheinlich nicht viele Hausmeister gab, die den Boden im Anzug wischten.

Vielleicht stimmte es also doch? Und wenn nicht, war es jedenfalls eine verdammt gute Geschichte!

„Aber lass das bloß unsere Frau Pelinka aus dem vierten Stock nicht hören! Morgen wüsste es jeder hier im Haus, übermorgen die ganze Stadt und nächste Woche würde ein schwarzer Wagen kommen und mich abholen." Er strich sich übers

Haar und lächelte. „Darum hüte dich vor unserer Frau Pelinka, mein Lieber."

Das musste er mir nicht zweimal sagen. Die alte Pelinka war die Frau aus dem vierten Stock. Und sie war die Pest. Das hatte Mama zumindest einmal gesagt. Denn die Pelinka hatte ihre Nase überall. Und ihre Ohren. Und ihre Finger. Sie wäre sicher längst in unsere Wohnung marschiert, um nachzusehen, was seit einigen Wochen mit Papa los war. Aber das hätte Mama nie zugelassen. Also erklärte ich Signore Montesanto aus tiefstem Herzen: „Die Pelinka ist eine Pestbeule!"

Der Signore lachte leise. „Nun", sagte er dann, „unsere liebe Frau Pelinka hat jedenfalls schon eine Menge Ideen, was den, ähm, Rücken deines Vaters betrifft."

Das hatte ich befürchtet. Schlimm genug, wenn die alte Pelinka Ideen hatte, ich war entschlossen, nichts zu ihrem Tratsch beizutragen. Zum Glück gab es auch noch andere, spannendere Themen. Schließlich saß ich einem Geheimagenten gegenüber – also vermutlich.

„Seit wann sind Sie kein Geheimagent mehr?"

„Oh, ich bin noch immer im Geschäft, gewissermaßen. Die Hausmeisterei ist nur Tarnung. Jeder denkt, ein Agent, der gerade nicht in geheimer Mission unterwegs ist, sonnt sich in der Karibik und schlürft Martini. Keiner kommt auf die Idee, dass ein Geheimagent in seiner Freizeit Böden schrubbt. So sind die Leute, sie denken immer nur an das, was sie selber machen würden. Keine Vorstellungskraft! Und genau deshalb bin ich hier."

Das klang einleuchtend.

„Ich warte auf meinen nächsten Auftrag. In der Zwischenzeit", der Signore deutete auf einen Stapel Briefe neben Goldies

Suppentopf, „schreibe ich regelmäßig Berichte. Nicht, dass es viel zu berichten gäbe, aber es ist gut, in Übung zu bleiben. Und es gibt mir das Gefühl dazuzugehören, verstehst du?"

Das interessierte mich, denn im Dazugehören bin ich nicht sonderlich gut.

„Bekommen Sie denn auch Antworten?"

„Um Himmels Willen, natürlich nicht! Das ist in meiner, hm, Branche, nicht üblich. Es ist auch gar nicht nötig. Unter uns gesagt", fuhr er leise fort, „ich habe den Verdacht, dass meine Berichte nicht einmal gelesen werden. Aber ich kann es nicht sicher sagen. Also schreibe ich – für mich. Und wer weiß ... vielleicht meldet sich eines Tages jemand und braucht meine Hilfe."

Und da hatte ich die Idee.

Lieber Papa,

du redest nicht mit mir und du hörst auch nicht zu. E-Mails liest du schon lange nicht mehr, und du rührst dich nicht einmal, wenn dein Handy klingelt. Ich habe versucht, dir Post-its mit Spiegelschrift auf den Kopf zu kleben, damit du meine Nachrichten im Spiegel über dem Waschbecken lesen kannst. Aber die Zettel sind immer schon heruntergefallen, bevor du aufs Klo gegangen bist. Jetzt habe ich beschlossen, dir Briefe zu schreiben – früher haben die Leute das angeblich dauernd gemacht. Du bist ziemlich alt, du wirst dich also daran erinnern können.

Ich lege meine Briefe unter deinen Kopfpolster. Auch wenn du sie nicht liest, kannst du das Papier rascheln hören, und dann weißt du, dass ich immer für dich da bin. Heute muss ich dir außerdem die Sache mit Goldie erzählen: Signore Montesanto und ich haben Goldie in einen Park mit einem hübschen Goldfischteich getragen. (Davor war Goldie eine Geisel und der Signore ein Erpresser und ich war … aber so genau musst du das gar nicht wissen!) Wir haben den Topf mit dem Goldfisch in den Teich gestellt, aber Goldie wollte nicht herauskommen. „Auch ein Fisch muss sich erst an die Freiheit gewöhnen", sagte der Signore.

Viel Zeit hatte Goldie aber nicht dafür, denn als sie aus dem Topf schwamm, passierte etwas Unglaubliches: Ein riesiger Hund kam angerannt, stürzte sich ins Wasser und schnappte sich Goldie. Schneller als ich „Nein!", sagen konnte. Fast genauso schnell hatte der Signore den Hund im Würgegriff.

Der Köter spuckte Goldie aus, sie landete im Wasser und schwamm auf und davon. „Die Freiheit ist eine gefährliche Sache", sagte der Signore. Ich wette, Goldie sieht das genauso.

Dein Henri

VATER ZU VERKAUFEN

Auch die Mathematik ist eine gefährliche Sache, zumindest bei uns in der Klasse. Eine Woche vor der Mathe-Schularbeit beginnt es: Die einen werden hysterisch und schreien, dass einem die Ohren wackeln, wenn sie ein Rechenbeispiel nicht verstehen, die anderen werden ganz still. Die schwächeren Schüler fürchten sich, weil Holps, unser Mathe-Lehrer, schlecht erklärt und schlecht benotet.

Am allermeisten aber, und das ist das Besondere an unserer Klasse, fürchten sich die guten Schüler. Denn es gibt einen in unserer Klasse, der kaum zählen und gar nicht rechnen kann. Dafür kann er sehr gut erklären: Dass eine Faust und ein Gesicht ein blaues Auge ergeben, hat er uns allen schnell beigebracht. „Meine Mathematik", nennt Maximilian das.

Regelmäßig zu den Schularbeiten prallen die Mathematik von Professor Holps und die von Maximilian Kaiser aufeinander und das muss man sich vorstellen wie ein Zugunglück – es gibt einen Haufen Verletzte.

Es ist nämlich so: In den letzten Tagen vor der Schularbeit überlegt Maximilian, von wem er abschreiben wird. Und damit beginnt ein seltsamer Wettstreit. Alle seine Freunde strengen sich mächtig an, damit sie ihm helfen dürfen. Und alle anderen versuchen, sich möglichst dumm zu stellen. Professor Holps wird furchtbar wütend, weil er die Welt nicht mehr versteht. Die guten Schüler verblöden plötzlich und die schlechten strengen sich an und alle zusammen reden einen Haufen Unsinn.

Am Tag der Schularbeit wird dann das Urteil verkündet. Meistens fällt die Wahl auf mich. So blöd ist der Maximilian dann doch nicht, dass er nicht wüsste, von wem er sich am besten helfen lässt. Auch diesmal brüllte er quer durch die Klasse: „Das Streber-Schwein, bringt mir das Streber-Schwein!" Das bedeutet, dass seine Gang aus Helfershelfern mich an den Haaren zu ihm schleifen soll.

Maximilian ist also nicht besonders nett, aber dafür umso beliebter. Denn er verprügelt jeden, der ihn Maxi nennt. Er verprügelt auch viele Leute, die ihn Maximilian nennen. Deswegen nenne ich ihn Maximus, den Diktator (wenn er es nicht hört). Bloß die Leute, die ihn toll finden, die prügelt er nicht. Die stehen unter seinem Schutz. Ich vermute, dass ihn deshalb so viele toll finden.

Bei den Schularbeiten läuft es dann immer gleich. Maximus malt Kringel in die Luft und ich fülle zwei Testbögen aus. Damit keiner merkt, dass er seine Arbeit nicht selber schreibt, ja nicht einmal selber abschreibt, soll ich in eine Version immer ein paar Fehler hineinschummeln. Unter der fehlerfreien Schularbeit steht dann: Maximilian Kaiser.

„So läuft das hier, wenn du alt werden willst", sagt Maximus. Damit meint er, dass er und seine Gang mich sonst jeden Zentimeter, den ich wachse, wieder kleiner prügeln. Kann auch sein, dass sie es nicht so genau nehmen und dass ich nachher kleiner bin als vorher. Ein ziemliches Risiko also, wenn man so klein ist wie ich.

Professor Holps hält Maximus inzwischen für ein schüchternes Mathe-Genie, das regelmäßig die besten Arbeiten liefert, sich aber nicht traut, im Unterricht den Mund aufzumachen. Mich dagegen hält der Holps – so hat er es selbst einmal gesagt – für ein cleveres Bürschchen, das unter dem Stress der Schularbeit regelmäßig versagt. Maximus will, dass das so bleibt. Deshalb hatte er diesmal eine besondere Motivation für mich: „Pass auf, du winziger Furz, wenn du mich verarschst, landest du nackt am Mädchenklo. Und dann", er grinste breit, „bist du erledigt. Dann fliegst du von der Schule."

Dass er in dem Fall jemand anderen finden muss, der seine Arbeiten für ihn schreibt, hatte er wohl nicht bedacht.

Maximus war aber leider nicht der Einzige, der etwas übersah. Die Schularbeits-Aufgaben waren diesmal ziemlich knifflig und ich erkannte, dass ich mich mächtig beeilen musste, um beide Bögen auszufüllen. So schnell ich konnte, rechnete ich das erste Blatt durch. Dann hustete ich. So wusste Maximus' bester Freund Leon, dass es Zeit war, Holps um einen Bleistiftspitzer zu bitten. Während Holps sich bückte, um den Spitzer aus dem Lehrertisch zu holen, tauschten Maximus und ich rasch unsere Blätter. Dann rechnete ich mich durch die zweite Schularbeit.

Ich war schon fast fertig, als mir auffiel, dass die anderen ihre Blätter umdrehten. Es traf mich wie ein Blitz. Ich hatte in der Eile übersehen, dass auch auf der Rückseite noch eine Rechnung zu lösen war!

So schnell ich konnte und so gut es mit zitternden Händen und Herzklopfen ging, rechnete ich auch die letzte Aufgabe durch. Dann versuchte ich Maximus zu deuten, die Schularbeiten noch einmal zu tauschen. Er ignorierte mich. Ich hustete und hustete, bis Professor Holps kam, um mir auf den Rücken zu klopfen. Maximus tippte sich heimlich an die Stirn. Dann gab er sein Blatt ab.

Beim Läuten wäre ich am liebsten im Erdboden versunken. So tief ich konnte, verkroch ich mich im Sessel.

Aber es dauerte nicht lange, bis Maximus meinen fatalen Fehler bemerkte.

„Dein Leben ist aus, du kleiner Gnom!", brüllte er. Ungefähr 20 Sekunden später (man muss schon sagen, Maximus hält Wort) landete ich auf dem Mädchenklo. Zehn Sekunden später war ich noch immer drinnen, aber mein Pullover war draußen. „Jetzt noch den Rest und dann holen wir den Schulwart und der kleine Streber kann sich eine andere Schule suchen!"

Ich sah mich schon nur mit einer Klopapier-Rolle bekleidet in Schimpf und Schande von der Schule gejagt. Doch dann kam die Pechmarie ins Mädchenklo. Klar, sie kann das, sie ist ein Mädchen. Ein ziemlich cooles Mädchen, muss ich sagen. Sie blickte kurz in die Burschenrunde.

„Ich muss mal", sagte sie.

Keiner rührte sich.

„Na gut", sie zuckte mit den Schultern, „ich kann auch schreien." Sie streckte ihren Kopf aus der Tür und kreischte tatsächlich los: „Iiieeh, Buben auf dem Mädchenklo! Iiieeh!"

Maximus und seine Helfer ergriffen die Flucht. Ich rückte meine Brille gerade und rappelte mich auf. An der Tür drehte ich mich noch einmal um: „Danke!"

„Keine Ursache", sagte die Pechmarie und schaute mir kurz in die Augen. Aber bevor ich erkennen konnte, was da in ihrem Blick lag, war ich schon draußen und machte mich möglichst unauffällig auf den Weg zurück in die Klasse. Denn inzwischen kam eine ganze Horde Mädchen kreischend auf uns zugestürmt, um das Schreckliche zu sehen: Buben auf dem Mädchenklo.

Lieber Papa,

ich hatte heute keinen guten Tag, also habe ich mich zu dir aufs Sofa gelegt. Nur für den Fall, dass du mich vermisst hast. Im Fernsehen lief „James Bond – Liebesgrüße aus Moskau", ein toller Film. Dir hat er aber nicht gefallen, du hast dich weggedreht. Und weißt du was, mir hat es dann auch keinen Spaß mehr gemacht. Überhaupt keinen.

Jetzt bin ich wieder ziemlich wütend auf dich und habe im Internet inseriert: „Sofa mit Vater abzugeben. Sofa fast neu, Vater gebraucht." Ich gebe dir Bescheid, wenn dich jemand kaufen möchte. Vielleicht schauen die ja etwas im Fernsehen, was dir besser gefällt.

Henri

PS: Ich werde natürlich dazusagen, dass du auf Katzen und Hunde allergisch bist und sie die erst gegen Goldfische tauschen müssen, bevor sie dich haben können. Du sollst es schließlich gut haben.

DER WETTLAUF BEGINNT

Als ich heute früh aufstand, lag Papa noch immer mit dem Kopf zur Wand auf dem Sofa. Ich dachte schon, er hätte sich die ganze Nacht nicht bewegt, aber er hielt etwas in der Hand, das gestern noch nicht da gewesen war. Ich schlich näher. Papa schlief und ich zupfte ihm das Papier vorsichtig aus den Fingern.

Es war ein Foto. Ich hatte es schon mindestens hundert Mal gesehen: Papa, sein älterer Bruder Anton, Oma, Opa und Mama mit einem dicken Bauch – ich war also gewissermaßen auch dabei. Sie alle standen um einen riesigen, bunt geschmückten Weihnachtsbaum. Sie lachten und sahen aus, als könnten sie im Leben nicht traurig sein. Wahrscheinlich war es wirklich so. Papa hatte mir erzählt, dass es früher nichts Schöneres für ihn gegeben hatte als Weihnachten: „Zu Weihnachten war die Welt in Ordnung. Da war immer alles gut."

Ich schaute zu Papa, der wie ein zerquetschter Ball auf dem Sofa lag – und spürte, wie ein Gedanke an meinen Kopf klopfte.

Er war noch undeutlich und ich konnte ihn nicht fassen. Ich kannte das schon. So etwas passierte mir öfter und ich wusste, dass ich jetzt vorsichtig sein und in meinem Kopf Platz machen musste. Denn die guten und neuen Ideen haben keinen Platz, wenn zu viele alte um die Wette schnattern. Ich musste also versuchen, an nichts Bestimmtes zu denken.

Der beste Ort, um an nichts Bestimmtes zu denken, ist das Stiegenhaus. Es ist meistens leer und alle – Menschen, Hunde und Gedanken – können kommen und gehen, wie sie wollen.

Doch an diesem Morgen war Signore Montesanto im Stiegenhaus und wechselte eine Glühbirne. Die Leiter unter ihm schwankte bedrohlich. Ich nickte ihm zu und hielt die Leiter fest.

Der Signore sah zu mir herunter und ich wusste genau, was er sah: Es gibt nämlich zwei Dinge, die immer allen an mir auffallen – meine Haare und wie klein ich bin. Mama sagt, meine Haare sehen aus, als hätte ein Igel sich auf meinem Kopf ein Nest gebaut und schlecht geschlafen. Alle schauen immer auf meine Haare. Denn der Kopf ist der Teil von mir, den alle gut sehen. Das liegt daran, dass mich alle überragen. Und dazu muss keiner auf eine Leiter steigen.

Signore Montesanto sagte nichts. Er schraubte die neue Glühbirne in die Fassung und stieg von der Leiter. Er klopfte sich etwas Staub vom Anzug, dann setzte er sich neben mich auf die Stiege im dritten Stock.

Wenn zwei so zusammensitzen, ohne zu sprechen, dehnt sich die Stille aus, bis sie einem zu groß wird.

Ich räusperte mich. „Ich will, dass es Papa wieder gut geht."

Der Signore nickte.

„Du hast schon alles versucht." Das war keine Frage, das war eine Feststellung.

„Ja." Nicht nötig, ihm zu erzählen, dass ich Papa aus der Zeitung vorgelesen hatte, dass ich seine Lieblings-CD abgespielt hatte, bis ich sie auswendig konnte. Dass ich ihm mehrere Abende hintereinander den Rücken massiert hatte. Nichts davon hatte geholfen. Am Ende hatte ich aus lauter Verzweiflung und Wut sogar Goldie aus dem Fenster geworfen. Aber auch das hatte Papa nicht interessiert.

„Und jetzt hast du eine Idee."

„Fast, ich habe sie fast." Ich flüsterte, um die Idee nur ja nicht zu verscheuchen.

Der Signore hob fragend eine Augenbraue.

„Weihnachten. Es hat mit Weihnachten zu tun, mehr kann ich noch nicht sagen."

„Ah." Signore Montesanto nickte.

Nach einer kurzen Pause bot er an: „Ich könnte dir die Weihnachtsgeschichte von meiner Großmutter Giovanna erzählen. Vielleicht hilft dir das auf die Sprünge?"

Ich nickte. Warum nicht.

Ich lehnte mich zurück, um Signore Montesantos Geschichte durch meinen Kopf rieseln zu lassen. Ich war sicher: Die Idee würde zuhören und am Ende auf mich warten.

Der Signore holte tief Luft: „Die Geschichte geht so: Mein Großvater war ein reicher Mann. Er besaß alles, was ein Mann besitzen kann – und noch ein bisschen mehr. Aber er war nicht glücklich. Es war sogar noch schlimmer: Je mehr er besaß, umso unglücklicher wurde er.

Er war aber nicht dumm, mein Großvater. Er kannte die vielen Geschichten von reichen Leuten, die erst glücklich werden konnten, nachdem sie alles verschenkt hatten. Also verschenkte er fast sein ganzes Geld. Aber es half nichts. Irgendwann war mein Großvater so unglücklich, dass er gar nicht mehr leben wollte. Das war am Ende des Jahres, kurz vor Weihnachten.

Für meine Oma Giovanna war es in diesem Jahr also besonders schwer, sich ein Geschenk für meinen Großvater einfallen zu lassen, denn das Einzige, was meinen Großvater noch interessierte, war die Auswahl an Eichensärgen, die der örtliche Bestatter verkaufte. Er wollte nicht fernsehen, nicht lesen, nicht mehr Kaffee trinken. Er wollte nicht einmal mehr das letzte

Wort haben. Und da wusste meine Großmutter, dass die Lage richtig ernst war.

Meine Großmutter war eine miserable Hausfrau, die bis dahin in ihrem Leben noch kein einziges Mal gekocht hatte. Aber sie war eine kluge Frau. Also schickte sie die Köchin nach Hause, band sich eine Schürze um und kochte mit großer Mühe das monumentalste und ungenießbarste Weihnachts-Festessen aller Zeiten."

Der Signore verzog den Mund und erschauderte. Ich musste lachen.

„Ja, lach du nur, du musstest es nicht essen! Der Braten war außen schwarz und innen roh. Jeder, der den Fisch probierte, bekam Durchfall, und die Kuchen waren so hart, dass die Kinder sie als Munition für ihre Steinschleudern benutzten. Sobald sich die Tische unter Bergen von Selbstgebackenem und Selbstgekochtem und Selbstverbranntem bogen, lud meine Großmutter alle Verwandten ein: die netten, die langweiligen, die garstigen und die lästigen – die ganze Sippe. Ob sie wollten oder nicht, sie mussten alle kommen, denn schließlich hatte Großmutter Giovanna *selbst gekocht!*

Für die Kinder war es das schönste Weihnachten. Mein Großvater hasste es. Die Verwandten gingen ihm entsetzlich auf die Nerven. Nicht eine Minute, nicht eine Sekunde hatte er für sich und seine Trübsal. Und weil Weihnachten war und man nichts Böses sagen durfte, versuchten sich alle in Komplimenten zu übertreffen: wie vorzüglich meine Großmutter gekocht hätte, wie schön das Haus wäre, wie gut der Wein, wie erlesen Großvaters Geschmack und wie elegant seine Stirn. Was davon stimmte, wusste keiner.

Mein Großvater knurrte, mein Großvater murrte. Er konnte nicht einmal mehr seinen Sargkatalog finden, ein Enkel hatte ihn verloren oder versteckt. Meine Großmutter lächelte indessen in sich hinein. Sie freute sich, dass wieder Leben in den alten Esel kam und lud alle ein, gleich noch ein paar Tage länger zu bleiben."

Ich kicherte. Der alte Großvater war sicher mindestens so wütend gewesen wie ich. Wenn er gekonnt hätte, hätte er vermutlich seine ganze Verwandtschaft übers Internet verkauft.

„Nach fünf Tagen zogen alle wieder ab. Meine Großmutter nahm aber jedem vorher das hochheilige Versprechen ab, im nächsten Jahr wiederzukommen. Mein Großvater brummte", der Signore zog seine Pfeife aus der Tasche, „aber er begann schon im nächsten Sommer von Weihnachten zu reden. Er hat sich darauf gefreut."

Der Signore begann, seine Pfeife mit Tabak zu stopfen. „Was hast du da in der Hand?"

Ich zeigte ihm das Foto. Es hatte eine zerknitterte Ecke mehr, weil ich es die ganze Zeit in der Hand gehalten hatte: „Das da war meine Oma, das mein Opa, meine Mutter, mein Vater, als er noch jünger war, und mein Onkel Anton. Er ist der einzige Verwandte, den mein Vater noch hat."

Und dann war er endlich da, der Gedanke, auf den ich die ganze Zeit gewartet hatte.

Noch 30 Tage

Kurz nach sieben klingelte Papas Handy. Mama stand gerade unter der Dusche. Also antwortete ich. Es war Papas Chef. Er wollte wissen, wie es Papa ging und wann er endlich wiederkäme. Ich fragte ihn, ob Papa sich dafür rasieren müsste. Da legte er auf. Ich konnte verstehen, dass Papa keine Lust hatte, ihn zu sehen.

Wie das mit Papa angefangen hat, kann ich gar nicht genau sagen. Es kam irgendwie angeschlichen. Am Anfang blieb Papa ab und zu länger im Büro, dann blieb er jeden Tag länger im Büro, manchmal verbrachte er auch das Wochenende dort. Und als das nicht mehr ausreichte, schleppte er das Büro nach Hause. Stapelweise. Daraus wuchs erst ein Papierhaufen, dann ein Berg und schließlich ein Gebirge, hinter dem Papa irgendwann verschwand. Man hörte nur noch müdes Rascheln aus seiner Ecke und man konnte seinen Haarzipfeln zusehen, wie sie hin und wieder auftauchten und dann wieder hinter dem Papier versanken.

    Ich hasste die Papierstapel. Sie erdrückten Papas ganze Zeit unter ihrem Gewicht.

    Und dann, eines Tages, hatte Papa genug. Ein Gebirgsstapel fiel um und er ließ ihn liegen und legte sich auf die Couch. Von dort bewegte er sich seither nur mehr weg, um aufs Klo zu gehen – und ganz selten auch, um zu duschen. Wenn Mama ihn aufscheuchte.

Jetzt hasste ich die Couch. Ich kann nicht sagen, was ich mehr hasste: die Papierstapel oder die Couch. Oder Papa.

Ich gähnte. Ich war die halbe Nacht wachgelegen und hatte meinen Gedanken zu einem Plan ausgebaut. Viel Zeit zum Wachwerden hatte ich jedoch nicht. Mama war mit dem Duschen fertig. Jetzt musste ich schnell sein, denn das war der perfekte Zeitpunkt.

Mama stand im Badezimmer und schminkte sich. In genau vier Minuten würde sie aus der Tür rennen – das ließ mir gerade genug Zeit.

„Du, Mama? Kann Onkel Anton heuer mit uns Weihnachten feiern?"

„Hm?" Mama zog Grimassen, während sie den Lippenstift auftrug.

„Onkel Anton – er könnte doch aus Hamburg kommen und Weihnachten heuer mit uns feiern."

„Eine wunderbare Idee. Dein Vater hat jedes Jahr die gleiche. Aber du weißt doch, seit Oma und Opa tot sind, hat Onkel Anton Papas Einladung noch nie angenommen."

„Warum nicht?"

„Er will zu den Feiertagen nicht in ein Flugzeug steigen, das ist ihm zu stressig. Aber das weißt du doch!" Mama nuschelte, weil sie ihren Mund fast bis zu den Ohren streckte, um noch mehr Lippenstift darauf zu verteilen.

Ja, das wusste ich. Und genau dafür hatte ich jetzt meinen Plan.

Ich gab mich betont lässig: „Aber für den Fall, dass er es sich heuer anders überlegt – wärst du einverstanden?"

Mama stöpselte den Lippenstift zu, drehte sich zu mir, nahm mich an den Schultern und sagte: „Natürlich!" Sie lächelte schwach, dann schob sie mich zur Seite und huschte ins Vorzimmer. Sie glaubte nicht eine Sekunde, dass ich Onkel Anton umstimmen könnte. Aber das machte nichts – dass es nicht einfach sein würde, wusste ich ja selber.

„Mama?"

„Ja?" Sie warf sich den Mantel über die Schultern.

„Eins noch …"

„Ja??"

„Ich möchte mir heuer mein Weihnachtsgeschenk selber kaufen, geht das?"

Mama hielt kurz inne. „Bist du dafür nicht noch ein bisschen zu jung? Was möchtest du denn überhaupt?" Dann blickte sie auf ihre Uhr. „Verdammt, ich muss los. Wir besprechen das noch …" Sie trat ins Stiegenhaus.

„Mama, bitte!"

„Also gut, wenn es dir so wichtig ist …" Sie gab mir einen Kuss auf die Wange, dann fiel die Tür hinter ihr ins Schloss.

Perfekt! Ich grinste.

Vor Kurzem war ich daraufgekommen, Dinge, über die ich nicht wirklich reden wollte, in der Früh anzusprechen. Da war Mama noch mehr in Eile als sonst. Es funktionierte fast immer!

Lieber Papa,

ich werde dich doch nicht verkaufen. Es haben sich sowieso nur zwei Leute gemeldet. Der eine wollte wissen, ob er das Sofa auch in Grün haben kann. Der andere wollte dich in einem Museum ausstellen. Ich habe ihm aber gleich gesagt, dass du keine Kunst bist, sondern mein Papa und überhaupt viel zu teuer.

Du musst dir also keine Sorgen machen, ich behalte dich. Auch wenn es dir nicht gut geht. Aber ich will, dass es dir wieder gut geht. Manchmal denke ich, dass ich etwas falsch gemacht habe, dass ich Schuld bin. Mama sagt, das ist Blödsinn und ich soll sowas nicht denken, aber manchmal denke ich es trotzdem. Mama sagt, du bist krank. Die alte Pelinka sagt, du musst dich nur zusammenreißen. Der Signore sagt gar nichts, aber er hört zu. Ich habe ihm erzählt, dass es dir hundsmiserabelschlecht geht. So schlecht, dass du nicht einmal sagst, was du brauchst, damit es dir wieder besser geht. Zum Glück hast du es mir gezeigt. Ich habe dich genau verstanden und ich verspreche dir (hoch und heilig!), dass du das beste Weihnachten aller Zeiten bekommst. Ich kümmere mich darum. Ich brauche nur dein Handy und alle Banknoten aus deiner Geldbörse.

Dein Henri

PS: Keine Sorge – in ein paar Tagen, sobald Mama mir das Geld für mein Weihnachtsgeschenk gegeben hat, bekommst du alles wieder zurück!

Noch 29 Tage

Ich hatte noch nie so viel Geld in der Hand gehabt. In meinem Bauch kribbelte es, gleichzeitig angenehm und unangenehm. Kurz überlegte ich, was ich mir von dem Geld alles kaufen könnte. Aber der ganze Krempel interessierte mich nicht, Papa hatte Priorität.

Ich zuckte zusammen, als die Tür hinter mir laut ins Schloss fiel – aber Mama hatte mich nicht bemerkt! Dass ich mir das Geld gleich von Papa, quasi als Vorschuss, „geborgt" hatte, würde ihr gar nicht gefallen. Ich schob den Gedanken beiseite.

Die Scheine hielt ich ganz fest, als ich die Stiegen hinunterlief, und stieß prompt mit der alten Pelinka zusammen, die gerade heraufkam. Äpfel sprangen aus ihrem Einkaufskorb und dann von einer Stufe zur anderen. Es war ein Höllenlärm. Ich ließ die Pelinka stehen und wollte den Äpfeln nachlaufen. Da streckte der Signore den Kopf aus der Tür. So ein Wirbel! Dabei hatte ich doch meinen Plan noch einmal in Ruhe überdenken wollen.

„Meine schönen Äpfel, alle hin!" Die Pelinka hörte erst auf zu zetern, als sie das Geld in meiner Hand sah. „Damit kannst du wenigstens gleich die Äpfel bezahlen."

Ich sah, wie ihre Augen die Scheine fixierten, und hielt sie noch fester. Sicher nicht. „Das brauche ich für was anderes!"

„Ach so – wofür denn? Das ist ja ein ganzer Packen, den du da hast!"

„Das, also ... das ..."

„Weiß deine Mutter, dass du mit so viel Geld herumläufst?" Sie kniff ihre Augen zusammen: „Sag bloß, du hast es deiner Mutter gestohlen?"

Die Äpfel waren noch nicht einmal ganz unten im Stiegenhaus angekommen, da war die Pelinka für meinen Geschmack schon viel zu nahe beim Kern der Sache. Gott sei Dank dachte auch der Signore mit: „Hast du meine Münzensammlung schon in Scheine gewechselt, Henri?", rief er von unten hinauf.

Ich brauchte nur einen Augenblick, bis ich begriff. Dann war ich so erleichtert, dass ich den einen Apfel, den ich gerade noch erwischt hatte, gleich wieder fallen ließ. „Ja! Ja, ich hab die Münzen gewechselt."

„Gut, dann komm. Ich kann nicht den ganzen Tag warten!"

So schnell ich konnte, sammelte ich die Äpfel ein, stopfte sie in den Korb der alten Pelinka, murmelte eine Entschuldigung und schlüpfte hinter dem Signore in seine Wohnung.

„Danke!"

„War nicht umsonst", brummte der Signore. „Wie viel hast du da?"

Für einen Moment dachte ich, er wäre noch schlimmer als die Pelinka. „Das ist nicht mein Geld, das kann ich nicht hergeben, das …", stammelte ich.

„Schadensbegrenzung, Henri, Risikominimierung! Beim Geheimdienst hatten wir immer einen Notgroschen für Bestechungen. Ich schätze, du hast zehn Minuten, vielleicht fünfzehn."

Ich verstand kein Wort.

Der Signore griff sich an den Kopf: „Mamma mia, Henri! Unsere liebe Frau Pelinka braucht ungefähr zehn Minuten, bis sie ihren Einkaufskorb ausgepackt hat, vielleicht auch fünfzehn. Und dann wird sie zu deiner Mutter gehen und ihr erzählen, was du da in deiner Hand spazieren trägst. Willst du das?"

Ich spürte, wie mir die Farbe aus dem Gesicht wich. Daran hatte ich nicht gedacht. „Was soll ich machen?"

„Du läufst jetzt zum Supermarkt und kaufst einen Kilo Äpfel, nein, besser zwei – schöner als die von Frau Pelinka. Und dann gibst du ihr die Äpfel zusammen mit dem geheimen Rezept für Apfelkuchen von meiner Großmutter Giovanna ..."

„... und mit einem Kompliment von Signore Montesanto und Entschuldigung, dass ich mich so beeilen musste." Ich grinste.

Der Signore stöhnte: „Na endlich!" Er klopfte mir auf den Rücken und ich lief los.

„Was hat sie gesagt?", wollte er wissen, als ich zurückkam.

„Frau Pelinka wollte wissen, wozu Sie so viele Münzen gesammelt haben und was Sie jetzt mit dem Geld machen wollen."

Der Signore hob fragend die Augenbrauen.

Ich grinste. „Ich habe ihr erzählt, dass Sie Ihrer Mutter eine Reise nach Italien schenken wollen."

„Mutter? Meiner Mutter?"

„Um ihr eine Freude zu machen." Ich strahlte ihn an.

„Ach Henri!" Er schüttelte heftig den Kopf. „Der Anfang war gut – meine arme, kranke Mutter, sehr gut. Aber ,um ihr eine Freude zu machen'? Das ist platt. Das geht besser – hör zu." Er räusperte sich: „Meine Mutter will noch einmal nach Italien fahren, um das Dorf zu besuchen, in dem sie aufgewachsen ist. Sie war seit vierzig Jahren nicht mehr dort." Sein Blick schweifte in die Ferne, er seufzte theatralisch, dann sah er mich wieder an. „Na, wie war das?"

Ich prustete los. „Ähm ... ich würde sagen ... etwas zu dick aufgetragen."

„Was? Unsinn! Dann mach es besser!", rief der Signore mit gespielter Entrüstung.

Ich musste die ganze Geschichte drei Mal neu erfinden und mit jedem Mal wurde sie haarsträubender: Am Ende wollte Signore Montesantos Mutter in Italien ihre alte Jugendfreundin treffen, deren Mann ihr am Sterbebett verraten hatte, wo der verschwundene Kirchenschatz des kleinen Dörfchens seit 70 Jahren vergraben lag. Deshalb sollte der Signore von seinem Geld ein Zugticket für seine Mutter und zwei Schaufeln für die alten Damen kaufen. Der Signore amüsierte sich prächtig.

Wir lachten, bis uns die Tränen kamen. Als wir nicht mehr konnten, ließen wir uns auf das Sofa plumpsen.

„Und was willst du wirklich mit dem Geld?", fragte der Signore, als er wieder Luft bekam.

„Das ist eine Art Weihnachtsvorschuss. Davon kaufe ich meinem Onkel Anton ein Flugticket nach Wien. Dann sage ich ihm, dass ich mein ganzes Geld für sein Ticket ausgegeben habe. Und dann muss er kommen und Weihnachten mit uns feiern. Er muss. Mein Vater wünscht sich das."

Der Signore pfiff leise durch die Zähne. „Du erpresst deinen Onkel?"

„Machen das nicht alle guten Familien so?"

Signore Montesanto lachte leise. „Das stimmt!"

„Wird es funktionieren?"

„Gut möglich. Aber wenn schon, dann mach es ordentlich."

„Ordentlich?"

„Risikominimierung. Du rufst ihn an und fragst, wohin du das Ticket schicken sollst, das du gerade gekauft hast. Aber du kaufst das Ticket erst, wenn er dir seine Zusage und seine Adresse gegeben hat."

Warum war ich da nicht selbst draufgekommen? Ich nickte: „Risikominimierung!"

Lieber Papa,

ich habe heute mit Onkel Anton telefoniert. Es war ein komisches Gespräch, ungefähr so:

Ich: „Überraschung, Onkel Anton! Damit wir Weihnachten endlich einmal zusammen feiern, habe ich ein Jahr lang mein Taschengeld gespart und dir von dem Geld ein Flugticket gekauft." (Signore Montesanto sagt, es ist nicht lügen, wenn die Fakten nicht stimmen. Er sagt, es gibt viele Fakten, aber nur eine Wahrheit – und die wohnt im Herzen. Ich verstehe das zwar nicht ganz, aber es klingt richtig.)

Onkel Anton: „Das kann ich nicht annehmen, Henri, ich gebe dir das Geld zurück!"

Ich: „Unmöglich. Das Ticket ist gekauft. Außerdem will ich das Geld nicht. Ich will, dass du zu uns nach Wien kommst."

Onkel Anton: „Ich habe auch eine Überraschung. Ich komme sowieso heuer zu Weihnachten nach Wien."
Ich: „Was??? Du kommst zu uns?"
Onkel Anton: „Äh, nicht genau."

Und dann musste er in eine dringende Besprechung. Ich konnte ihn also nicht fragen, was er damit meint. Mama weiß es auch nicht. Ich muss Onkel Anton so bald wie möglich noch einmal anrufen. Das Geld habe ich zurück in deine Tasche gesteckt. Dein Handy brauche ich aber noch, bis alles geklärt ist.

Henri

Noch 28 Tage

In der Nacht begann es zu schneien. Es schneite so heftig, dass die Straßen und Häuser, die Bäume und Autos unter einer weißen Decke verschwanden. Sogar die Straßenbahn kam nicht mehr von der Stelle. Es wollte gar nicht mehr aufhören zu schneien. Es war großartig.

Ich hatte große Hoffnungen, dass die Schule geschlossen blieb, begraben unter dem vielen Schnee. Aber ich hatte die Rechnung ohne unseren Schulwart gemacht: den drahtigen Wurzinger, der aussah als würde er eine Zitrone lutschen wenn er lächelte.

Der Wurzinger verteilte das Klopapier und rationierte die Tafelkreide, er bewachte den Schlüssel zu dem Kasten mit den Schul-Laptops und hatte die Kontrolle über die Heizkörper. Und damit – Direktor hin oder her – herrschte der Wurzinger über die Schule. (Die Moosbauer, unsere Biologielehrerin, ist einmal im Biologiesaal fast erfroren, nachdem sie dem Wurzinger frech kam – die Heizung funktionierte erst wieder, nachdem sie ihm einen Geschenkkorb vorbeigeschickt hatte. So hat es zumindest der Maximus erzählt.)

Heute hatte ich den Eindruck, dass einige Lehrer auch lieber zu Hause geblieben wären, doch der Wurzinger schaufelte alle paar Minuten einen schmalen Weg zur Schultür frei. Er keuchte und schwitzte, während alle anderen vorsichtig durch den Schneematsch an ihm vorbeihüpften.

Der Wurzinger war nicht sonderlich gut gelaunt, als er nach uns in die Schule kam, denn nach dem vielen Schaufeln draußen musste er jetzt drinnen den Schneematsch wischen, der von unseren Schuhen tropfte.

Mir war kalt, ich war in Gedanken bei Papa und Onkel Anton und irgendwie musste ich vergessen haben, in der Garderobe nicht nur die Jacke, sondern auch meine Schuhe auszuziehen.

„Halt! Stehenbleiben!", donnerte der Wurzinger, als ich gemeinsam mit einer Gruppe anderer Schüler kurz vor dem Läuten die Stiege hinauflaufen wollte. Erst als der Wurzinger spezifizierte: „Du mit dem frechen Grinsen, du, du und du – und ihr zwei da hinten, sofort zu mir. Die anderen können in den Unterricht gehen", kam wieder Bewegung in die Masse.

Maximus, Leon, die Pechmarie, zwei verschreckte Erstklässler und mich hatte es erwischt.

„Sofort die Schuhe ausziehen!"

Leon wollte protestieren, doch ein Blick in Wurzingers Gesicht genügte und er überlegte es sich anders.

„Die Schuhe kommen jetzt zu mir. Von mir aus könnt ihr barfuß nach Hause laufen."

Bitte was? Das konnte er nicht machen. Wir konnten bei dem Wetter ja schlecht mit Hausschuhen nach Hause gehen! Wir waren alle so baff, dass keiner einen Mucks herausbrachte.

Maximus war der erste, der seine Stimme wiederfand: „Wenn wir uns die Füße nass machen und krank werden, dann sind Sie dran", zischte er. „Ich rufe jetzt meine Mutter an und sage ihr, dass Sie uns drohen, und dann werden wir ja sehen …"

Ich war, gegen meinen Willen, beeindruckt. Ich konnte sehen, wie der Wurzinger erstarrte und überlegte. Aber auch er war mit allen Wassern gewaschen.

Ein gefährliches Grinsen huschte über sein Gesicht. „Ja, du hast Recht. Behaltet eure Schuhe."

Maximus wollte schon triumphieren, aber der Wurzinger war noch nicht fertig: „Ich habe eine bessere Idee. Gebt mir eure Handys!"

Maximus schluckte. Aber er gab nicht auf: „Dann borge ich mir ein anderes Handy aus, rufe meine Mutter an und …" Etwas, das Maximus offenbar nicht gelernt hatte, war, wann es an der Zeit ist, den Mund zu halten. Der Wurzinger beugte sich ganz nah zu Maximus und sagte so leise, dass ich es fast nicht hören konnte: „Deine Mutter wird mich heute leider nicht erreichen – der viele Schnee braucht meine ganze Aufmerksamkeit. Es soll übrigens die ganze Woche schneien. Und dann werde ich vergessen, euch die Dinger zurückzugeben. Ich bin nicht mehr der Jüngste, weißt du?" Er hob entschuldigend die Schultern und verzog seine Lippen genüsslich zu einem zitronensauren Lächeln.

Maximus erstarrte. Wenn Blicke töten könnten, wäre der Wurzinger jetzt tot umgefallen.

Stattdessen ließ der Wurzinger uns die Rucksäcke ausleeren und knöpfte jedem von uns das Handy ab. Ich hatte keine Chance. Ich musste Papas Handy in Wurzingers fordernde Hand fallen lassen und zusehen, wie es zusammen mit den anderen in einem dunklen Plastikmüllsack verschwand.

Den Sack trug der Wurzinger in sein Schulwartskammerl. In meinen Ohren rauschte es. Das war's dann mit meinem Plan.

Da standen wir nun – ohne Handys, mit hängenden Schultern und ziemlich ratlos.

„Wirft er die jetzt in den Müll? Ich muss das Handy meiner großen Schwester zurückgeben", jammerte die Erstklässlerin. „Die ist mindestens so schlimm wie der Wurzinger, wenn sie es nicht spätestens morgen zurückbekommt." Ich war also nicht der Einzige, der sich ein Handy „ausgeborgt" hatte. Die Kleine tat mir leid.

„Können wir nicht irgendwas machen?", schnüffelte sie.

„Vielleicht, wenn wir den Wurzinger einfach bitten?", fragte der zweite Erstklässler. Seine Augen waren so verschreckt wie die eines Hasen, der in die Scheinwerfer eines Autos schaut, das viel zu schnell direkt auf ihn zufährt.

„Nein, nein. Das geht nicht. Das würde alles nur schlimmer machen", warf Leon ein.

„Trotzdem können wir uns nicht gefallen lassen, wie der Wurzinger mit uns umgeht!" Maximilian sah Leon, die Pechmarie und mich auffordernd an. Dann wandte er sich an die zwei Erstklässler: „Ihr haltet euch da besser raus. Wir übernehmen das."

Die Kleinen seufzten erleichtert und liefen in den Unterricht. Dann beugte sich Maximus zu uns wie ein General vor der Schlacht. „Wir müssen dem Wurzinger die Handys irgendwie wieder abknöpfen. Seid ihr dabei?"

„Unbedingt! Dem zeigen wir's", flüsterte Leon und schlug sich mit der Faust auf die offene Handfläche.

Ich hatte keine Lust, mich mit dem Wurzinger anzulegen. Aber ich dachte an Papas Handy und daran, dass ich Onkel Anton wieder anrufen musste, so schnell wie möglich.

Die Pechmarie und ich warfen uns einen kurzen Blick zu. Sie sah genauso erstaunt aus wie ich und zuckte mit den Schultern, als wollte sie sagen: „Der Maximilian und wir, gemeinsame Sache – wer hätte das gedacht?"

Dann flüsterten wir beide beinahe gleichzeitig: „Ja."

„Sehr gut", Maximus klopfte mir auf die Schulter. „Henri, wir brauchen einen Plan!"

Was?! Wieso ich? „I-ich dachte, du hast einen", stammelte ich.

„Ich bin der Anführer, ich brauche keinen Plan. Ich brauche nur einen, der einen Plan machen kann. Und das", er grinste, „bist du!"

Lieber Papa,

ich sitze in der Klemme. Es ist schlimmer als letztes Jahr, als mich niemand in der Fußballmannschaft haben wollte, weil ich so klein bin. Du weißt schon, als Maximus gesagt hat, dass er mich im hohen Gras nicht mehr finden würde. Deine Idee damals war richtig gut und bis zum Ende des Schuljahres gab es keine Witze über meine Größe mehr. Deine Ideen waren immer richtig gut.

Jetzt habe ich wieder ein Problem, diesmal mit dem Wurzinger. Der macht Riesenärger, nur weil er kann – total unfair! Ich wüsste echt gern, was du an meiner Stelle machen würdest. Aber es ist sinnlos, jemanden zu fragen, der stundenlang dorthin starrt, wo das Goldfischglas stand. Was siehst du da überhaupt – Goldies Geist?

Mama will ich nicht fragen, die hat schon genug um die Ohren. Gestern Abend hat sie geweint. Sie wollte nicht, dass ich es merke, und hat so getan, als hätte sie was im Auge. Aber ich bin ja nicht blind. Über diese Sache kann ich jedenfalls unmöglich mit Mama reden. Die würde ihr nämlich nicht gefallen und ihr nur noch mehr Sorgen machen. Aber die Zeit drängt und ich weiß nicht weiter. Der Einzige, der mir noch einfällt, ist Signore Montesanto. Der sollte mit solchen Dingen eigentlich Erfahrung haben.

Henri

„Ein Einbruch?", fragte der Signore entgeistert, nachdem ich ihm meinen Plan erklärt hatte.

„So, wie ich das sehe, ist das unsere einzige Möglichkeit."

„So, wie ich das sehe, bist du ein Idiot", murmelte der Signore. Er stellte die Schneeschaufel hinter die Haustür. „Komm, wir gehen hinein. So etwas bespricht man nicht auf offener Straße!"

„Können Sie mir helfen?", fragte ich, während ich mir die Hände an dem Kaffee wärmte, den mir der Signore in die Hand gedrückt hatte.

„Kann ich dir helfen? Natürlich kann ich dir helfen! Aber doch nicht bei einem Einbruch. Jedenfalls nicht", er schüttelte sich, als hätte er etwas Ekliges gegessen, „bei einem zweitklassigen. Den Schlüssel stehlen, die Handys stehlen ... wo bleibt denn da der Stil?"

Er holte seine Pfeife aus der Tasche. „Erzähl mir alles – und ich meine alles – über deine Schule, über die Lehrer, über die Schüler ... Dann sehen wir weiter."

Ich überlegte, womit ich anfangen sollte. Es war alles ziemlich kompliziert.

Ich holte tief Luft und dann erzählte ich Signore Montesanto wirklich einfach alles. Und noch ein bisschen mehr. Und als ich fertig war, hatten wir einen ausgeklügelten Plan.

„Das ist noch immer ziemlich riskant", warf ich ein.

„Wie dringend brauchst du das Handy?", war alles, was der Signore sagte. Er kann da sehr pragmatisch sein.

Noch 27 Tage

„Bist du bescheuert?", wollte Maximus wissen. „Das ist dein Plan?" Ich nickte. Ich war ziemlich angespannt. Wenn die anderen nicht mitmachten, konnte ich alles vergessen.

Dann grinste Maximus und klopfte mir auf die Schulter: „Nur Spaß! Der Plan ist gut, könnte funktionieren."

Und dann war es beschlossene Sache, dass die Pechmarie und ich am nächsten Tag nach dem letzten Läuten im Sekretariat anklopfen sollten. Wir seien am vertrauenswürdigsten, sagte Maximus, aber ich glaube, er wollte sich bloß nicht selber die Hände dreckig machen.

„Im Zimmer vom Schulwart sind nicht nur unsere Handys, dort ist auch die Computersteuerung für das Heizsystem der ganzen Schule. Und was, wenn der Wurzinger einmal krank ist …", hatte ich argumentiert.

„Der ist nie krank", wehrte Leon ab.

„Darum geht es nicht. Er könnte krank werden", erklärte ich. „Und wenn gerade dann die Heizung ausfällt …"

„Vergiss es, das passiert nie – dass der Wurzinger krank ist und die Heizung zur gleichen Zeit ausfällt." Leon kapierte es einfach nicht.

„Halt die Klappe, Leon! Worauf der Kleine hinauswill …", kam mir Maximus unerwartet zu Hilfe. „… ist, dass es einen zweiten Schlüssel zum Schulwartszimmer geben muss", beendete die Pechmarie seinen Satz.

„Genau, für Notfälle. Der Schlüssel ist wahrscheinlich im Sekretariat, weil da immer jemand ist."

Und von da weg war es nur mehr ein kleiner Schritt. Als er am nächsten Tag in die Schule kam, überreichte mir Maximilian verschwörerisch eine klappernde Kartonschachtel. Dann legten wir unser Geld zusammen und kauften zwei Tafeln Schokolade. Mit Schachtel und Schokolade gingen die Pechmarie und ich ins Sekretariat.

„Was bringt ihr denn da?", wollte die Sekretärin wissen.

Ich wusste, dass ich nicht allzu nervös zu sein brauchte – unsere Sekretärin war eigentlich ganz nett und hilfsbereit. Ich hatte trotzdem Herzklopfen, denn ich log sie nicht gerne an. „Die Schokolade ist für den Herrn Wurzinger, von Frau Professor Moosbauer." Ich zeigte die Tafeln.

„Weil die Heizung wieder geht", ergänzte die Pechmarie.

Die Sekretärin nickte verständnisvoll. „Bei mir hat er das auch einmal gemacht", flüsterte sie dann vertraulich. „Aber nach zwei Wochen Frieren bin ich misstrauisch geworden – und ich komm ja zur Heizungsregulierung." Sie deutete auf einen Schlüssel mit einem roten Band, der zusammen mit einigen anderen auf einem Brett neben der Tür hing. Ich musste mich zusammenreißen, nicht zu sehr dorthin zu starren.

Das war er also! Der Schlüssel zu Wurzingers Reich!

„Ja, also ... wegen dem Schlüssel ...", begann die Marie.

„Dürfen wir uns den bitte kurz ausborgen? Wir haben den Herrn Wurzinger auf dem Weg in den Turnsaal getroffen und er hat gesagt, wir sollen die Schokolade auf seinen Tisch legen. Aberdietüristzu." Vor Aufregung redete ich viel zu schnell.

Die Sekretärin hob erstaunt die Augenbrauen. „Tatsächlich? Komisch, sonst will er nie, dass jemand in sein Zimmer geht.

Ihr könnt die Schokolade auch bei mir lassen. Ich geb sie ihm dann."

„Danke, aber das geht nicht, weil … also weil wir der Frau Professor versprechen mussten, dass wir sie ihm direkt geben, so schnell wie möglich." Ich improvisierte nicht besonders gut. „Ich glaube, ihr war schon ziemlich kalt im Bio-Saal." Die Pechmarie zuckte entschuldigend mit den Schultern.

„Na dann", die Sekretärin zwinkerte uns zu. „Mit dem großen silbernen Schlüssel kommt ihr in sein Zimmer. Vergesst nicht, wieder zuzusperren. Und ihr könnt der Frau Professor ausrichten, dass ich auch weiß, wie man die Heizung reguliert. Sie kann das nächste Mal also einfach mir die Schokolade bringen."

Aber wir hörten schon nicht mehr richtig zu. Die Pechmarie hatte sich den Schlüssel geschnappt und wir liefen los.

Vor der Tür zum Schulwartszimmer trafen wir Maximus, er stand Wache. „Alles klar, ihr könnt reingehen. Leon sagt, der Wurzinger muss noch im Turnsaal sauber machen. Jemand hat die Fenster aufgemacht und der ganze Schnee ist reingekommen." Er grinste. Leon und Maximus hatten ihre Aufgabe also erledigt.

Die Pechmarie atmete kurz tief durch, dann schloss sie die Tür auf. Das Zimmer war erstaunlich hell und es roch nach Putzmittel und Kreide und altem Papier. Die Regale an den Wänden waren voller Dinge, die in einer Schule gebraucht werden – da war alles vom Klopapier bis zum Werkzeugkasten. Daneben stapelten sich Sachen, die an der Schule verboten waren: Ich sah etliche Klappmesser, zwei Frisbees und sogar einen Bumerang. Alles war ordentlich sortiert. Es war also nicht schwer, den schwarzen Plastiksack mit unseren Handys zu finden. Schnell tauschten wir unsere Handys gegen die alten, ausgedienten Modelle ohne Sim-Karten, die Maximus uns in der Schachtel mitgegeben hatte. Ich hatte gewusst, dass er immer nur mit dem neuesten Handy-Modell herumlief, aber ich staunte dennoch, als ich sah wie viele Handys ihm seine Mama schon spendiert hatte.

Nachdem wir fertig waren, verstauten wir den Sack wieder fein säuberlich im Regal.

Ich hielt kurz inne.

Ich wusste nicht wieso, aber plötzlich kam mir mein Plan total idiotisch vor. Der Wurzinger würde das mit den Handys doch sofort merken. Der Tausch würde bei der ersten Gelegenheit auffliegen. Das Herz schlug mir bis zum Hals. Ausgerechnet Papas Telefon fiel mir aus den zitternden Händen auf den Boden und bekam einen ordentlichen Sprung.

„Vielleicht lassen wir es doch besser und tauschen die Handys nochmal zurück", flüsterte ich der Pechmarie zu.

„Auf keinen Fall", zischte sie. „Dein Plan ist perfekt! Der Wurzinger wird die Handys nie genau anschauen. Wenn er sie uns in ein paar Tagen zurückgibt, sind alle Akkus längst leer, und ein totes Handy sieht aus wie jedes andere."

Ich war noch immer nicht ganz überzeugt, aber sagte nichts mehr.

Am Gang warteten Maximus und Leon auf uns. Die Pechmarie versperrte das Zimmer und so schnell wir konnten ohne aufzufallen, gingen wir den Gang hinunter. Sobald wir außer Sichtweite des Schulwartszimmers waren, suchten wir uns eine ruhige Ecke. Da verteilte ich die Handys.

„Jetzt dürfen wir uns nur nicht beim Telefonieren erwischen lassen", mahnte Leon.

„Und wir müssen den Wurzinger regelmäßig anheulen, dass er uns doch bitte, bitte unsere Handys wieder zurückgibt", ergänzte die Pechmarie.

Ausgerechnet in dem Moment kam der Wurzinger auf uns zu. Die Kartonschachtel mit den restlichen Handys schepperte laut in meiner zitternden Hand, während die Pechmarie den Schlüssel mit dem verräterischen roten Band geistesgegenwärtig in ihrer Hosentasche verschwinden ließ. Der Wurzinger aber schien uns nicht einmal zu bemerken und ging einfach weiter den Gang hinunter. Ich atmete auf.

Nachdem die Pechmarie und ich den Schlüssel zurückgebracht hatten und vor dem Biologiesaal wie vereinbart auf die Erstklässler warteten, sagte Marie plötzlich: „Wegen vorhin ... ich kann dich verstehen ... aber manchmal macht man etwas, wovor man sich fürchtet ... etwas, das man eigentlich nie machen würde – aber man macht es für jemand anderen."

Sie schaute dabei auf ihre Schuhspitzen. Bevor ich etwas erwidern konnte, tauchten die Erstklässler auf. Sie waren selig, dass wir ihnen die Handys zurückgebracht hatten. Marie hatte schon Recht – dass wir den beiden helfen konnten, war allein schon ein guter Grund, den Wurzinger auszutricksen. Sie konnte ja nicht wissen, dass ich das Handy in Wahrheit nur brauchte, um Weihnachten für Papa zu regeln.

Lieber Papa,

ich habe eine schlechte und eine gute Nachricht für dich. Die schlechte ist: Dein Handy hat jetzt einen Sprung. Die gute Nachricht ist, dass dein Sohn ein Held ist. Das haben zwei Erstklässler heute gesagt. Außerdem hat mich ein Mädchen angelächelt und Maximus hat mir auf die Schulter geklopft. Wahrscheinlich lässt er mich jetzt bis zur nächsten Mathe-Schularbeit in Ruhe. Was ich gemacht habe, um so viel Lob und Ehre zu bekommen? Das kann ich leider nicht schreiben, zu riskant. Wenn Mama davon erfährt, bin ich erledigt – Held oder nicht.

Henri

Noch 24 Tage

„So", Tritt, „eine", Tritt, „Scheiße", Tritt.

„Henri!" Der Signore fand mich, als ich die Hausmauer mit Tritten versah.

„Entschuldigung – so", Tritt, „ein", Tritt, „Blödsinn", Tritt.

„Henri!"

„Was?" Ich drehte mich irritiert zum Signore um. „Ich hab nicht mehr ‚Scheiße' gesagt."

„Du trittst die Hausmauer. Ich bin der Hausmeister."

„Oh."

„Vielleicht willst du ein paar Häuser weitergehen?"

Nein, wollte ich nicht. Ich wollte lieber hier und jetzt das ganze Haus in Grund und Boden stampfen.

Der Signore schien das zu sehen. Er seufzte. „Na gut, von mir aus kannst du weitermachen. Ich bring dir später das Putzzeug. Das Haus wird dann noch stehen, aber deine Schuhe machen hässliche Abdrücke." Und damit verschwand er. Einfach so. Das ärgerte mich noch mehr. Mit doppelter Wut trat ich auf die Hausmauer ein.

Als Signore Montesanto ein paar Minuten später den Kopf aus dem Fenster streckte und sagte: „Der Kaffee ist jetzt fertig. Kommst du?", kam ich mir vor wie ein Idiot. Ich putzte die Mauer mit Schnee und streifte meine Schuhe besonders ordentlich ab, bevor ich seine Wohnung betrat und mich auf meinen gewohnten Platz auf dem Sofa fallen ließ.

Der Signore sagte nichts, sah mich nur fragend an, während er in seinem Kaffee rührte.

„Mein Onkel", würgte ich trotzig hervor.

„Dein Onkel?"

„Er kommt zu Weihnachten nach Wien."

„Aber das ist doch großartig – oder nicht?" Der Signore schaute verwirrt. „Das ist nicht alles?"

„Nein, das ist nicht alles, ganz und gar nicht." Ich merkte, wie meine Ohren glühten, so wütend war ich. „Onkel Anton hat eine neue Freundin. In Wien. Er kommt also nach Wien, aber er kommt nicht wegen uns, oh nein, er kommt wegen seiner Freundin. Und natürlich will er auch Weihnachten nicht mit uns feiern, sondern mit ihr."

„Gut, dann lade sie einfach auch zu euch ein", schlug der Signore vor.

„Das hab ich sofort gemacht. Ich habe gesagt: ‚Schön für dich, Onkel Anton, dann bring deine Freundin doch einfach mit.'"

„Aber?"

„Aber sie hat auch einen Sohn", würgte ich hervor.

Der Signore hob fragend die Augenbrauen. „Und wo ist das Problem?"

„Das Problem?", schrie ich. „Ich wollte von Onkel Anton wissen, wer ihr Sohn ist, damit ich ihn auch einladen kann. Und wissen Sie, wer von allen Leuten auf dieser großen, weiten Welt ihr Sohn ist?" Ich boxte in ein Sofakissen, als wäre es persönlich dafür verantwortlich. „Maximilian Kaiser!" Meine Stimme überschlug sich.

Einen Moment lang sah der Signore aus, als würde er gleich loslachen, aber er beherrschte sich. Ich verschränkte die Arme und grummelte verzweifelt vor mich hin.

„Onkel Anton hat Maximilians Mama letztes Jahr auf unserem Schulfest kennengelernt. Ausgerechnet! Dabei ist er dort nur hingegangen, weil Papa ihn dazu überredet hat. Und heuer ..."

Ich schüttelte mich und ahmte Onkel Antons gestelzte Sprache nach: „Weihnachten ist doch schließlich ein Fest für Kinder. Ich werde mich ganz nach Carola und ihrem Sohn richten und Carola will sicher, dass Maximilian entscheidet, wie wir feiern – und mit wem!"

Jetzt, wo ich aufgehört hatte zu schreien, war mir schlecht.

„Ich bin auch ein Kind", wollte ich sagen, aber heraus kam nur: „Kind ... urgh. Nicht schon wieder. Max...", Schluck, „...ilian."

„Als Onkel Anton kapierte, dass ich Maximilian kenne, meinte er ‚Wenn ihr Freunde seid, könnte es ja vielleicht wirklich klappen mit einem gemeinsamen Weihnachten.'"

„Freunde", ich spuckte das Wort aus wie zu viel scharfe Zahnpasta. Von *Freunden* hatte keiner etwas gesagt.

Der Signore hatte die ganze Zeit aufmerksam zugehört. Jetzt schenkte er mir Kaffee nach. „Ich musste einmal hier, mitten in Wien, eine Atombombe entschärfen", sagte er plötzlich.

Der Themenwechsel kam unerwartet. „Eine Atombombe? In Wien?" Ich blickte ihn zweifelnd an. Was wollte er jetzt damit?

Natürlich", schnaubte er. „Das weiß nur niemand, schließlich war ich erfolgreich. Sonst würde es deine schöne Heimatstadt heute nicht mehr geben."

Er lehnte sich vor: „Allerdings muss ich zugeben, dass ich das nicht ganz alleine geschafft habe ... Und weißt du, wer mir half?" Der Signore kniff verächtlich die Augen zusammen. „Boris! Mein größter Feind, mächtigster Gegner und schlimmster Widersacher. Glaub ja nicht, er hätte es mir zuliebe gemacht. Er wollte nur die Stadt retten – so wie ich. Also machten wir ausnahmsweise gemeinsame Sache. Er kannte alle unterirdischen Geheimgänge der Stadt und ich wusste, wie man mit Bomben umgeht. Er lotste mich zu der Bombe, ich entschärfte sie. So war das damals."

Der Signore machte eine kurze Pause. „Du siehst, wenn es für alle Beteiligten ums Ganze geht, können Freund und Feind erstaunlich nahe beieinanderliegen."

Ich atmete tief durch und dachte nach. Dass Maximus und ich Freunde würden, war ausgeschlossen. Aber wir hatten zumindest gerade zum ersten Mal erfolgreich zusammengearbeitet. Allerdings war es da um etwas gegangen, das wir beide wollten – er wollte sein Handy und ich das von Papa. Und jetzt: Ich wollte unbedingt, dass Onkel Anton Weihnachten mit Papa verbrachte. Aber was wollte Maximus?

Noch 23 Tage

Am nächsten Tag in der Schule zermarterte ich mir den Kopf, aber ich kam immer wieder zu demselben Ergebnis. Auch wenn ich mir eine 3-wöchige Magen-Darm-Grippe mit gebrochenem Bein schöner vorstellte: Ich musste Maximus überreden, Weihnachten mit uns zu verbringen. Nur dann würde auch Onkel Anton mit uns feiern.

Ich versuchte mich mit dem Gedanken zu trösten, dass ich Papa damit einen Wunsch erfüllen konnte. Dass er dann die Couch verlassen und wieder zu reden beginnen würde. Dass er aufhören würde, sich wie ein Stück Gemüse zu benehmen.

Denn das war, als ob es Papa nicht mehr gab, nur schlimmer. Wenn es jemanden nicht mehr gibt, kann man irgendwann aufhören, ihn zu vermissen. Aber Papa war nicht weg, er war gleichzeitig da und nicht da.

„Das wird schon wieder", versuchte Mama immer wieder uns zu trösten. Ob sie das selber glaubte oder nicht, hatte ich noch nicht herausgefunden. Ich wusste nur, dass sie nicht über Papas Zustand reden wollte, es machte sie traurig.

Der Papa-Umriss auf der Couch erinnerte mich ständig daran, wie Papa bis vor ein paar Wochen noch gewesen war. Ich hasste das, was von ihm übrig war. Ich vermisste den Papa von früher. Und ich wollte ihn zurück, um jeden Preis. Und das bedeutete nichts anderes, als dass ich Maximilian irgendwie dazu bringen musste, Weihnachten mit uns zu feiern. Das war eigentlich unmöglich. Da fing noch eher der Signore mit der Frau Pelinka einen Wiener Walzer-Tanzkurs an.

In der großen Pause gab es einen kleinen Radau, der mich aus meiner Grübelei riss. Weil mich Elsie irgendwie magisch anzieht und ich sie ansehen muss, so oft es geht, bekam ich alles von Anfang an mit. Denn es begann damit, dass Elsie ein paar anderen Mädchen etwas zuflüsterte und zu Marie zeigte. Und dann verbreitete es sich wie ein Lauffeuer. „Die Pechmarie muss zur Schulärztin", wurde plötzlich an mehreren Ecken getuschelt.

Ich sah zu Marie hinüber. Sie hatte ein paar rote Punkte im Gesicht. Außerdem hatte sie rosa Wangen, sie schämte sich wohl. Das konnte ich verstehen bei so viel ungewollter Aufmerksamkeit.

„Vielleicht hat sie die Windpocken", spekulierte Leon.

Den dicken Florian ließ das kalt: „Ich hab die Windpocken im Kindergarten gehabt. Ein zweites Mal bekomme ich sie nicht."

„Vielleicht hat die Pechmarie aber auch die Pechpocken", prustete Leon. Ich verdrehe die Augen. Im Ernst? Das fand er komisch? Ein paar andere hatten ihn nicht richtig gehört und begannen zu rufen: „Die Pechmarie hat die Pestpocken, die Marie hat die Pest!"

Maximus schien das nicht zu stören. Er ging zu Marie hinüber und sah sie herausfordernd an: „Wenn du wirklich die Pest hast, dann steck mich an. Ich will am Freitag nicht in die Schule!"

Das war Marie zu viel und sie flüchtete aus der Klasse.

In der vierten Stunde hatten wir Biologie und Leon erkundigte sich sofort nach der Pest.

Mir schwirrte indessen der Kopf und mir war schwindlig. Ich brauchte dringend frische Luft. Ich zeigte auf: „Entschuldigung, darf ich bitte aufs Klo gehen?" Die Moosbauer war vorne an der Tafel in irgendwelche Nagetiergebisse vertieft und nickte nur.

Vor dem Klo saß die Pechmarie. Mir war nicht aufgefallen, dass sie noch nicht wieder in die Klasse zurückgekommen war. Als ich an ihr vorbeiwollte, sah ich, dass sie weinte. Auch das noch! Das einzig sichere Verhalten gegenüber Mädchen ist freundliches Ignorieren. Damit ist man im Zweifelsfall immer auf der sicheren Seite.

Aber wenn jemand weint, kann man das nicht ignorieren. Ich blieb stehen und kramte in meinen Hosentaschen – irgendwo da musste doch noch ein fast frisches Taschentuch sein!

Aber die Pechmarie freute sich gar nicht darüber, dass ich ein Taschentuch für sie suchte. „Was willst du?!", fauchte sie. „Lass mich in Ruhe! Verschwinde einfach!"

Damit rappelte sie sich auf, wischte sich übers Gesicht und verschwand in der Klasse.

Ich blieb alleine stehen. „Da ist ein Taschentuch", sagte ich. Aber das hörte sie nicht mehr.

Ich hatte jedoch keine Zeit, darüber nachzudenken, was mit der Pechmarie los war. Ich hatte eigene Probleme. Denn auch nach der fünften Stunde hatte ich noch keine Ahnung, wie ich Maximus davon überzeugen sollte, dass er in ein paar Wochen gemeinsam mit mir „Stille Nacht" unter dem Weihnachtsbaum singen sollte. Aber reden musste ich mit ihm, und zwar bald, denn Weihnachten rückte immer näher.

Und dann, kurz nach Schulschluss, kam plötzlich die perfekte Gelegenheit für ein Gespräch. Wir standen schon vor dem Schultor, da verabschiedete sich Maximus von seinen Freunden, weil er etwas in der Garderobe vergessen hatte. Ich war nicht vorbereitet, aber ich wusste, dass ich so eine Chance so schnell nicht wieder bekommen würde.

Ich wartete, bis Maximus ein zweites Mal, diesmal alleine, aus der Schule kam. Bevor ich es mir anders überlegen konnte, trabte ich ihm entgegen und ging dann neben ihm her. Meine Kehle war trocken.

„Was willst du, Gartenzwerg?"

„Ist mit deinem Handy alles in Ordnung?"

„Was soll damit nicht in Ordnung sein?" Maximus kniff die Augen zusammen und musterte mich drohend.

„Nichts, nichts, ich meine nur so." Verdammt. Ich hatte keinen blassen Schimmer, wie ich die ganze Sache angehen sollte.

Ich atmete tief durch und versuchte lässig zu wirken, mit den Händen halb in den Hosentaschen.

Maximus beäugte mich misstrauisch.

„Ich muss mit dir reden."

„Du redest schon die ganze Zeit."

Ich schluckte. „Hör mal, du hast doch vor Kurzem gesagt, eine Hand wäscht die andere …"

„Kann mich nicht erinnern, dass ich das gesagt habe." Maximus kaute gelangweilt auf einem Kaugummi. Dass er langsamer ging, zeigte immerhin, dass er neugierig war.

„Doch, doch, als wir dem Wurzinger die Handys wieder weggenommen haben", versuchte ich es noch einmal.

„Nein." Er spuckte den Kaugummi in hohem Bogen in den Schnee. „Da habe ich gesagt: ‚Der Feind meines Feindes ist mein Freund.'"

Ich schaute groß. Ich hatte nicht damit gerechnet, dass er sich so genau daran erinnern konnte.

„Der Feind meines Feindes ist mein Freund", wiederholte er. „Das sage ich immer, wenn ich mit jemandem zusammenarbeiten muss, den ich nicht leiden kann, um jemand anderen lahmzulegen, den ich noch weniger leiden kann: Der Feind meines Feindes …"

„Jaja, schon kapiert!"

Maximus blieb plötzlich stehen, drehte sich zu mir um und blickte mir scharf in die Augen.

„Gartenzwerg, ich hab nicht den ganzen Tag Zeit für dämliche Plaudereien. Also, was ist?"

Diesen Frontalangriff hatte ich nicht erwartet. „Also, also …", stotterte ich, dann nahm ich meinen ganzen Mut zusammen. Jetzt oder nie: „Es geht um meinen Onkel Anton. A-also, den Freund deiner Mutter und …"

Ich sah, wie sich Entsetzen in Maximus' Gesicht ausbreitete. „Anton? *Der* Anton? Der ist dein Onkel?"

Und schon wechselte das Entsetzen zu Ärger: „Bist du bescheuert?"

„Ich … äh …" Ich war verwirrt.

Doch Maximus achtete gar nicht auf mich.

„Der Anton, der dauernd anruft und der alle paar Wochen seine dreckigen Socken in unserem Gästezimmer verstreut?", zischte er.

„Er ist alle paar Wochen bei euch?" Uns hatte Onkel Anton seit Monaten nicht besucht!

Maximilian ignorierte mich weiterhin.

„Der Anton, der alles bestimmen darf? Um den sich alles dreht, sobald er auftaucht? Dieser bescheuerte Kerl, ist dein Onkel?" Die letzte Frage brüllte Maximus fast.

Dann sah er mich aus zusammengekniffenen Augen an: „Seit wann weißt du es?"

„Weiß ich was?"

„Dass der Anton dein Onkel ist."

„Das weiß ich schon länger".

Manchmal passiert mir das. Ich antworte ohne nachzudenken. Es sieht aus, als wäre ich frech, dabei bin ich nur nervös und die Worte kommen aus meinem Mund, ohne dass sie vorher mein Gehirn um Erlaubnis gefragt haben.

„Idiot!", kommentierte Maximus.

Dann stieß er mir plötzlich mit dem Finger in die Brust. „Aber eines schwör ich dir. Den Anton werde ich wieder los! Ich kann keinen Typen brauchen, der meine Mutter rund um die Uhr beschäftigt. Dazu hat sie schließlich mich."

Ich schaute ihn groß an. Und gleichzeitig machte es *Pling*. Hier war meine Chance!

Ich räusperte mich: „Ja, also, weißt du schon, was ihr zu Weihnachten macht?"

Maximus stutzte kurz. „Zu Weihnachten? Wahrscheinlich genau das, was dein blöder Onkel Anton will. Aber das werde ich verhindern. Wenn der glaubt, dass er bei mir zu Hause das Sagen hat ..."

Damit setzte er sich wieder in Bewegung und stapfte durch den Schnee. Heftiger, als es nötig gewesen wäre.

Der Feind meines Feindes ist mein Freund. Jetzt musste ich alles auf eine Karte setzen.

Ich ging Maximus nach und sagte: „Mein Onkel will sicher nur mit deiner Mutter und dir feiern. Er hasst Weihnachten mit der Familie – also mit mir und meinen Eltern ..."

Ich konnte fast sehen, wie sich die Rädchen in Maximus' Kopf zu drehen begannen.

„Jedes Jahr haben wir ihn eingeladen, aber er hat sich immer eine Ausrede einfallen lassen, damit er nicht kommen muss", legte ich noch ein bisschen nach.

„Bei euch würde ich auch nicht gern feiern", brummte Maximus. Dann blitzte etwas in seinen Augen auf.

„Du meinst, Anton fände Weihnachten mit euch wirklich ganz schrecklich?"

Ich nickte.

„Na, dann wird er heuer bei euch feiern!"

Mein Körper fing an zu kribbeln. Ich war meinem Ziel ganz nah, ich durfte es jetzt nur nicht verbocken.

„Aber Onkel Anton wird dich und deine Mutter als Vorwand nehmen, dass er nicht kommen kann. Er hat bestimmt schon ganz tolle Ideen, was ihr zusammen machen werdet …", erklärte ich und bemühte mich, das Zittern in meiner Stimme zu unterdrücken.

„Na, das schauen wir uns an. Dann werde ich halt ganz unbedingt bei euch Weihnachten verbringen wollen. Den Wunsch wird mir meine Mutter sicher erfüllen. Und dann muss er mitkommen."

Ich fasste es nicht. Hatte Maximus das gerade wirklich gesagt?

„Wenn ich deinem dämlichen Onkel Anton damit eins auswischen kann …", er grinste, und fuhr mir hart durch die Haare „… feiere ich sogar Weihnachten mit dir, du kleiner Gartenzwerg."

Am liebsten hätte ich getanzt vor Freude.

Dann wurde sein Blick wieder hart.

„Dafür, dass dein Onkel eure blöde Einladung heuer endlich annimmt, wirst du mir aber ein kleines Vorweihnachtsgeschenk machen müssen."

Das war ja klar, ohne Erpressung ging bei Maximus nichts.

„Was willst du?", fragte ich, zu keinem Widerstand mehr fähig.

„Du musst mir für Freitag eine Entschuldigung verschaffen. Ich geh nicht in die Schule und du musst dafür sorgen, dass es nicht auffällt."

„Hä?"

„Bist du schwer von Begriff? Am Freitag ist Mathe-Test. Und der Holps wird ein Auge auf mich haben. Bei der letzten Schularbeit war sein bester Schüler zu blöd, um den Testbogen umzudrehen – du erinnerst dich?" Maximus zog warnend eine Augenbraue hoch.

Ich schluckte.

„Im nächsten Semester kann ich wieder tun und lassen, was ich will. Aber jetzt hat der Holps noch nicht vergessen, was beim letzten Mal passiert ist und wird mich wahrscheinlich beobachten. Das Beste ist also, ich bin gar nicht da, wenn ihr den Test schreibt."

„Und wie willst du das machen?"

„Ich?" Maximus tat erstaunt. „Ich habe keine Ahnung, wie *du* das anstellen wirst."

Mir wurde heiß. Es war eine Sache, jemandem bei der Schularbeit zu helfen, aber eine ganz andere, Lehrer zu belügen.

„So kann ich mir in Ruhe und ohne Mathe-Sorgen überlegen, wie ich meine Mutter überrede, dass wir alle bei ‚meinem neuen Freund Henri' Weihnachten feiern." Damit boxte er mir grinsend in die Seite und stapfte davon.

Lieber Papa,

ich wollte Mama die große Johnny Depp-Pappfigur aus dem Kino zu Weihnachten schenken. Aber Mama will nicht, dass du eifersüchtig wirst. Außerdem will sie nur Männer im Haus, die auch den Geschirrspüler einräumen. Da denkt sie recht praktisch. Den Geschirrspüler einräumen muss jetzt immer ich, nach Weihnachten kannst du ja wieder übernehmen. Leider ist das erst in drei Wochen.

    Immerhin: Es läuft alles nach Plan – na ja, fast alles. Ich muss nur mehr ein paar Dinge regeln. Dann bekommst du das allerbeste Weihnachtsfest aller Zeiten und ich werde es auch irgendwie überleben. Du kannst schon anfangen, dich zu freuen!

Henri

PS: Du kannst aufhören, auf den Platz zu starren, wo das Goldfischglas stand. Goldie kommt nicht mehr zurück.
PPS: Mach dir keine Sorgen. Ich bin sicher, es geht ihr gut.

Noch 22 Tage

Als ich am nächsten Morgen in die Schule kam, erwarteten mich Maximilian und Leon vor dem Klassenzimmer. Maximus boxte mir freundschaftlich in die Schulter.

„Na, was ist, Alter?" An Leon gewandt sagte er: „Der haut mich morgen raus, wirst schon sehen, der Kleine kann das!"

Leon sah mich nachdenklich an, aber er sagte nichts. Dann läutete es und wir betraten gemeinsam die Klasse.

Ich rieb mir die Schulter, als ich mich hinsetzte. Ich brauchte also schon wieder einen Plan. Das wurde langsam richtig anstrengend.

In der großen Pause kam Maximus noch einmal zu mir herüber. Er wollte wissen, wie ich ihn nun am nächsten Tag vom Unterricht entschuldigen würde. Das hätte ich auch gern gewusst. Ich konnte ihm aber schwer sagen, dass ich noch keine Ahnung hatte, denn ich wollte unsere Abmachung keinesfalls gefährden. Also vertröstete ich ihn auf später.

Leon folgte Maximus auf Schritt und Tritt. Aber während er mich früher immer ignoriert hatte, warf er mir jetzt gehässige Blicke zu. Wenn ich nicht andere Sorgen gehabt hätte, hätte mich das beunruhigt.

Und Leon war nicht der einzige, der mich plötzlich mit anderen Augen zu sehen schien. Elsie – Elsie, die bis dahin vermutlich nicht einmal gewusst hatte, dass ich existierte – lächelte mir zu.

Sie legte ihren Kopf schief und lächelte mich an. Elsie. Lächelte. Mich. An.

Na gut, um ehrlich zu sein, kann es auch sein, dass Maximus gemeint war, denn der stand direkt neben mir. Aber in meinem Bauch tanzten trotzdem hundert Schmetterlinge.

Signore Montesanto brachte die Mülltonnen von der Straße in den Innenhof. Er schnaufte unter dem Gewicht und ich half ihm schieben.

„Wie war das eigentlich, als Sie Geheimagent waren? Also aktiv", beeilte ich mich hinzuzufügen.

„Das war eine andere Zeit", brummte er.

„Für wen haben Sie gearbeitet? Das haben Sie mir noch nie gesagt."

„Für wen ich gearbeitet habe, willst du wissen? Für die Guten natürlich! Früher war das noch eine klare Sache. Heute ist das anders. Heute möchte ich keinen mehr umbringen müssen. Man kann sich einfach nicht mehr sicher sein – wer sind die Guten und wer die Bösen? Jeder mischt sich in alles ein, aber wenn du einen suchst, der verantwortlich ist für den ganzen Schlamassel, dann war es keiner."

Ich war mir nicht sicher, wovon der Signore sprach.

„Heute erledigen Maschinen die Drecksarbeit und bringen einen Haufen Unschuldige um. Was soll man davon halten, frage ich dich? Zu meiner Zeit", er richtete sich auf, „zu meiner Zeit, da haben wir noch Handarbeit geliefert. Das war echte Qualität!" Mit diesen Worten klappte er die Mülltonnendeckel zu und verschwand im Stiegenhaus.

Später am Nachmittag schickte mich Mama in die Apotheke und als ich nach Hause kam, saß der Signore auf meiner Nachdenkstiege. Er hatte die Blumen im dritten Stock gegossen, vielleicht hatte er auch auf mich gewartet. Ich setzte mich neben ihn.

„Weißt du, Henri, wie es ist, wenn man denkt, dass man keine Wahl hat im Leben?", flüsterte er.

Ich dachte an Papa, für den ich gerade Tabletten geholt hatte, die ihn glücklich machen sollten oder wenigstens ein bisschen weniger verzweifelt. Und an Maximus. Ich schluckte.

„Kannst du dich an Boris erinnern?"

„Mit dem Sie bei der Atombombe gemeinsame Sache gemacht haben?"

„Genau den. Eigentlich war er ja mein größter Feind – Boris, die Hammerhand."

Hammerhand? Das klang aufregend!

„Ein würdiger Gegner!", fuhr der Signore fort. „Durch ihn habe ich gelernt, dass es immer eine Wahl gibt." Der Signore nickte nachdenklich, bevor er leise fortfuhr: „Boris hatte einen hammerharten Griff mit der Rechten. Und sein linker Haken traf dich fester als die Bratpfanne meiner Großmutter Giovanna." Der Signore deutete die Schläge in der Luft an. „Boris' Gegner standen nie wieder auf. Wen er einmal gepackt hatte, den ließ er erst wieder los, wenn er ungefähr so weich war wie Apfelmus."

Bei dem Gedanken musste der Signore schmunzeln. Dann erzählte er weiter.

„Vor etlichen Jahren musste Boris jemanden wieder einfangen: Nicola, eine Atomphysikerin, die zu uns übergelaufen war. Und er wusste, dass er dazu vorher mich schnappen musste. Denn nur ich kannte ihren Aufenthaltsort. Ich", der Signore lächelte versonnen, "hatte ihr nämlich bei der Flucht geholfen – aber das ist eine andere Geschichte. Jedenfalls war mir Boris dicht auf den Fersen. Und eines Tages geschah es: In einem unerwarteten Moment schloss sich von hinten seine stahlharte Hand um meinen Arm."

"Die Hammerhand", keuchte ich.

"Ja, er hatte mich erwischt! Aber ich war vorbereitet. Weißt du, die meisten Menschen konzentrieren sich nur auf das, was nicht geht. Wenn einer wie Boris ihren Arm packt, denken sie: ‚Hilfe, ich kann meinen Arm nicht bewegen!' Dabei ist das das Dümmste was du machen kannst."

"Und was haben Sie gemacht?", rief ich.

"Für einen Moment dachte ich auch, ‚Hilfe, ich kann meinen Arm nicht bewegen!' Aber dann fiel mir ein: Ich konnte ja nur einen Arm nicht bewegen, aber ich konnte den anderen Arm bewegen, ich konnte meine Beine bewegen, ich konnte meinen Kopf bewegen und meinen Körper. Alles konnte ich bewegen, Boris hatte nur einen lächerlichen Arm! Ich beugte mich vor und", grinsend zeigte der Signore auf seine Zähne, "biss ihn ins Bein."

"Sie haben ihn gebissen?" Das war genial, aber auch ein bisschen eklig.

"Jawohl, einen Zahn habe ich mir dabei ausgebissen, aber ich habe Boris, die Hammerhand, besiegt", sagte der Signore stolz. "Er war danach nicht mehr derselbe", fügte er fast wehmütig hinzu.

Als ich an diesem Abend schlafen ging, dachte ich ausnahmsweise nicht an Papa und auch nicht an Maximilian, nicht an Onkel Anton, Mama oder Weihnachten. Ich dachte an Boris, die Hammerhand, und in der Nacht träumte ich von einem wilden

Kampf. Ich fesselte meinen Gegner mit Zahnseide und rettete ein Mädchen, das genauso aussah wie Elsie. Als sie mich zum Dank küsste, wachte ich auf und fühlte mich wie ein Held.

Und ich hatte eine neue Idee.

Noch 19 Tage

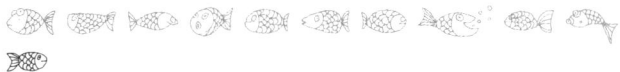

Am Freitag in der ersten Stunde hatten wir Zeichnen. Unser Zeichenlehrer Eder ist nett und hat den falschen Beruf. Er wollte uns irgendetwas über einen blauen Reiter erzählen, aber niemand hörte ihm zu. Alle waren mit Mathematikübungen beschäftigt und machten sich gegenseitig nervös. Alle bis auf Maximus, der war nämlich, wie angekündigt, gar nicht erst in die Schule gekommen.

Der Eder holte das Klassenbuch hervor, wohl um sich irgendwie selbst zu beschäftigen. Jetzt musste ich schnell sein. Ich ging zum Lehrertisch vor. „Entschuldigung", ich räusperte mich und zwang mich zu husten, „der Maximilian Kaiser wartet schon draußen auf mich, wir beide fühlen uns nicht gut. Dürfen wir bitte zur Schulärztin gehen?"

Der Eder runzelte die Brauen, aber er hatte nichts einzuwenden. „Wenn ihr so schnell wie möglich zurückkommt", war alles, was er sagte.

Ich lief los. Erst zum Bubenklo, wo ich mir heißes Wasser ins Gesicht spritzte, dann zu unserer neuen Schulärztin. Sie war erst seit zwei Wochen an unserer Schule und ich zählte darauf, dass sie noch keine Gesichter kannte. Das war meine Chance. Ich klopfte an.

„Herein."

Ich sank in mich zusammen, hustete und trat ein. „Mir ist ganz furchtbar schlecht", würgte ich hervor und ließ mich auf den nächsten Sessel fallen. Wirklich, vielleicht sollte ich eines Tages doch Schauspieler statt Erfinder werden.

„Wie heißt du?"

„Maximilian Kaiser."

„Und was fehlt dir?" Sie fasste mir an die Stirn und nahm mein Handgelenk.

„Ich habe schrecklich Bauchweh und mir ist ganz kalt." Ich versuchte mit den Zähnen zu schlottern, aber das wollte mir nicht so recht gelingen, also ließ ich es lieber bleiben. „Und mein Kopf tut weh."

„Hast du vergessen zu frühstücken?", sie sah mir in die Augen und ließ mich die Zunge zeigen.

Ich schüttelte den Kopf.

„Lampenfieber? Habt ihr heute eine wichtige Prüfung?"

„Mathe-Test, aber das stört mich nicht", sagte ich wahrheitsgemäß. „Ich habe auf alle Schularbeiten einen Einser und kann den Test auch nachholen, wenn es sein muss. Aber heute ist mir so speiübel, dass ich nur ins Bett will."

Sie sah mich prüfend an. „Gut, wenn du willst, kann ich veranlassen, dass du den Test nächste Woche schreiben kannst. Dafür darfst du heute nach Hause gehen."

Das machte mich nervös, aber ich hatte keine Wahl. Maximus war nicht da, und ich musste dafür sorgen, dass es niemandem auffiel.

„Ja, danke", keuchte ich erleichtert.

„Hm, dir scheint es wirklich nicht gut zu gehen", sagte sie.

Da wurde mir klar, dass die Sache mit dem Test-Nachholen nur ein Trick gewesen war – um zu sehen, ob ich mich drücken wollte. Ganz schön gefinkelt! Fast hätte ich etwas gesagt, aber dann fiel mir ein, dass sie ja irgendwie Recht hatte, und ich schluckte die Antwort, die mir auf der Zunge lag, hinunter.

„Ich gebe dir eine Entschuldigung für deinen Klassenlehrer mit und du kannst deine Eltern anrufen, damit sie dich abholen." Die Schulärztin sah, dass ich Papas Handy schon aus der Tasche geholt hatte. Ich tippte Maximus' Nummer ein und hauchte: „Hallo Papa, ich bin krank – kannst du mich von der Schule abholen?"

Maximus brüllte mit übertrieben tiefer Stimme, dass er gerade in einem Meeting sei, aber in 15 Minuten bei der Schule sein könnte. Mir klopfte das Herz bis zum Hals. Ich war sicher, dass Maximus' Stimme der Schulärztin komisch vorkommen musste.

Als sie den Kopf schief legte als ob sie lauschen würde, fiel mir nichts anderes ein: Ich legte auf, ohne mich zu verabschieden.

„Er kommt!", sagte ich und diesmal musste ich das Zittern in meiner Stimme nicht spielen. Die Schulärztin hörte es wohl auch. Sie lächelte mich aufmunternd an, nickte zufrieden und ließ mich gehen.

Ich war schon mit dem Zettel bei der Tür, als sie mich wieder zurückrief. „Hast du eine Ahnung, was du dir da eingefangen hast? Ist irgendjemand in deiner Umgebung krank?"

Ich schüttelte den Kopf.

„In deiner Klasse?"

„Die Marie vielleicht", sagte ich, weil sie mir zuallererst einfiel und ich inzwischen dringend wollte, dass die Schulärztin aufhörte Fragen zu stellen, damit ich endlich weg konnte.

Sie legte ihre Stirn in Falten. „Dann schick mir bitte diese Marie, bevor du gehst, danke. Und gute Besserung!"

Was war mir da nur eingefallen? Immerhin, ich hatte Maximus entschuldigt. Ich brachte dem Eder die Krankmeldung für Maximilian und sagte, er wäre schon abgeholt worden.

„Mir geht es besser. Die Schulärztin sagt, ich kann bleiben", fügte ich hinzu.

Aus dem Augenwinkel sah ich, wie Leon verächtlich schnaufte und mir einen bitterbösen Blick zuwarf. Dabei hatte ich mich nun wirklich nicht gerade freiwillig gemeldet, um Maximus' Schwänzen zu decken. Ich seufzte.

Dann richtete ich Marie aus, dass die Schulärztin sie sehen wollte. Marie warf mir einen fragenden Blick zu, aber ich zuckte nur mit den Schultern.

Dabei hatte ich ein furchtbar schlechtes Gewissen. Es tat mir leid, sie da hineinzuziehen. Gerade Marie, die doch eigentlich total in Ordnung war.

Noch 16 Tage

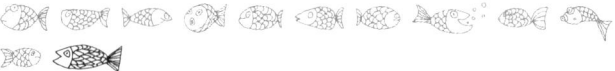

Das schlechte Gewissen Marie gegenüber konnte meine Freude jedoch nicht trüben. Ich hatte meinen Teil des Deals erfüllt, jetzt würde Maximus dafür sorgen, dass seine Mama und Onkel Anton zu Weihnachten zu uns kamen. Ich hatte es geschafft!

Am darauffolgenden Wochenende fühlte ich mich so leicht und unbeschwert wie schon lange nicht. Das musste auf Mama abgefärbt haben. Wir kochten Spaghetti und warfen sie an den Kühlschrank, um zu sehen, ob sie schon durch waren. Früher hatte Papa das so gemacht – er hatte behauptet, die Nudeln wären fertig gekocht, wenn sie kleben blieben. Mama hatte das immer furchtbar aufgeregt, weil sie dann den ganzen Kühlschrank putzen musste.

Aber diesmal warf sie selber mit Nudeln um sich. „Heute ist heute und geputzt wird morgen", sagte sie mit einem Achselzucken. Trotzdem wartete ich sicherheitshalber, bis sie lachte, bevor ich auch Nudeln warf. Eine Nudel werfende Mama war mir nicht ganz geheuer. Aber es war schön, sie so fröhlich zu sehen.

Nachdem wir beide die Spaghetti wieder vom Kühlschrank gekletzelt hatten, nahm sie mich plötzlich in die Arme und hielt mich eine Weile ganz fest.

„Danke, Henri!", flüsterte sie mir ins Ohr. „Ich weiß, es ist gerade alles nicht leicht!"

Ich sah schon wieder Tränen in ihren Augen glitzern, was mich selber ganz schummrig machte. Aber bevor ich fragen konnte, wofür sie sich bedankte, hatte sie sich schon wieder aufgerichtet. Sie schnappte einen Teller und brachte Papa seine Portion ans Sofa. Als sie zurückkam, war das Lachen aus ihrem Gesicht verschwunden.

Ich ließ mir von Papa aber meine Laune nicht verderben. Ich wusste ja: Bald würde alles besser werden!

Ich hätte Mama gern davon erzählt. Sie hätte sich sicher gefreut zu hören, dass Papa bald von der Couch aufstehen und alles wieder so werden würde wie früher. Aber ich hatte das unangenehme Gefühl, dass Mama zu viele Fragen stellen könnte und dass sie mit meinen Methoden ziemlich sicher nicht einverstanden wäre.

Nach dem Abendessen verschwand Mama dann sofort hinter ihrem Laptop, seufzte hin und wieder und rieb sich die Schläfen. Ich schaute ihr eine Weile zu und entschied, dass es tatsächlich besser war sie erst einzuweihen, wenn wirklich absolut nichts mehr schiefgehen konnte. Das letzte was sie brauchen konnte, waren noch mehr Sorgen. Und das Letzte, was ich brauchen konnte, war, dass sie sich unnötig einmischte. Es war auch so schon schwierig genug, alles mit Maximus zu checken.

Wie schwierig und unberechenbar Maximilian war, fand ich dann am Dienstag heraus.

Der Anfang der Woche lief noch ziemlich gut. Am Montag boxte mir Maximus immer wieder in die Schulter. Das war wohl seine Art, „Danke" zu sagen.

Ich war mir nicht sicher, ob das besser war als früher. Langsam breitete sich ein blauer Fleck auf meinem Oberarm aus.

Abgesehen davon war aber alles ruhig. Vielleicht zu ruhig. Kein „Gartenzwerg", kein „du kleiner Furz". Es hätte mir auffallen sollen. Aber ich war so froh, mir keine Notfallpläne mehr ausdenken zu müssen. Ich war so erleichtert, für Papas Situation endlich eine Lösung zu haben. Mein Kopf war so angenehm leer und frei ...

Also ignorierte ich alles um mich herum und konzentrierte mich darauf, mir vorzustellen, wie Papas Augen zu Weihnachten strahlen würden.

Aber schon am Dienstag in der Früh, noch vor der ersten Stunde, war es aus mit meinen Tagträumen.

„Henri, kannst du ein gutes Wort für mich einlegen?", riss mich Florian aus meinen Papa-wird-sich-so-freuen-Weihnachts-Gedanken.

„Was?" Ich war verwirrt. Es kommt nicht oft vor, dass mich jemand um Hilfe bittet.

„Bei Maximilian! Kannst du ihm sagen, dass er mich in Ruhe lassen soll?" Florian gehörte neben mir zu Maximus' „Lieblingskandidaten", wenn es darum ging, Launen an jemandem abzureagieren. In letzter Zeit hatte Florian ziemlich viel einstecken müssen. Ich konnte verstehen, dass er das ändern wollte.

Bevor ich Florian fragen konnte, warum er mit seiner Bitte ausgerechnet zu mir kam, fuhr Leon mich an: „Pah, glaubst du wirklich, du könntest Maximilian irgendetwas sagen? Auf dich hört er nie und nimmer! Vergiss es!"

Ich schaute zwischen Florian und Leon hin und her und versuchte zu verstehen, worum es ging. Schließlich zischte ich zu Marie, die hinter mir saß und alles mitgehört hatte: „Was haben die? Wovon sprechen die?"

Marie sah mich verächtlich an, und ich spürte ihren Blick als kleinen Stich irgendwo zwischen meinen Rippen.

„Leon denkt, dass du jetzt der große Liebling bist." Sie warf Florian einen nachdenklichen Blick zu: „Und Florian glaubt das offenbar auch."

„Hä? Was für ein Liebling? Doch nicht von … Maximilian? Ich will doch überhaupt nicht sein Liebling sein. Ich will nur …"

„Was? Was willst du?", hakte Marie sofort nach.

Ich sah sie an. Öffnete den Mund und schloss ihn wieder. Was sollte ich sagen?

„Na, dann." Sie drehte sich so schwungvoll um, dass ihr langer Zopf durch die Luft sauste und mir beinahe eine Ohrfeige versetzte.

Bevor ich Florian erklären konnte, dass ich ihm nicht helfen konnte, kam Maximus in die Klasse und winkte mir zu. Dann baute er sich neben Leon und Florian vor mir auf.

„Wir sollten heute nach der Schule besprechen, wie es weitergeht." Er nickte mir verschwörerisch zu.

Leon sah mich aus eng zusammengekniffenen Augen an.

Florian warf mir einen flehenden Blick zu.

Na gut, vielleicht hatte sich ja zwischen Maximus und mir tatsächlich etwas verändert. Vielleicht konnte ich ihn ja wirklich bitten …?

„Äh, also, übrigens, wegen Florian …", ich räusperte mich.

„Was ist mit Florian?", das Lächeln verschwand so plötzlich aus Maximus' Gesicht, als wäre es nie da gewesen. Er sah mich durchdringend an, mein Mut versteckte sich unter dem Tisch und ich wäre ihm gerne nachgekrochen.

Was auch immer Florian und Leon glauben mochten, es hatte sich nichts geändert, gar nichts. Von wegen, ich wäre der neue Liebling. In Ruhe gelassen werden war das eine, Maximus um einen Gefallen zu bitten, ohne dass etwas für ihn heraussprang, offensichtlich etwas ganz anderes.

Florian tat mir leid, aber ich konnte nichts riskieren. Nicht so kurz vor Weihnachten. „Äh … nichts …"

„Ah", Maximus sah mir noch einmal prüfend in die Augen.

„Apropos Florian – hast du deine Alte überreden können, diese Woche dein Taschengeld zu erhöhen?" Florian schüttelte den Kopf. Maximus lachte abfällig. „Echt, ihr Leute habt eure Mütter einfach nicht im Griff! Dann bring wenigstens wieder einen Teller Weihnachtskekse!"

Florian seufzte und nickte. Und Maximus zog mit einem triumphierend lächelnden Leon ab.

Ich hörte, wie Marie hinter mir schnaufte. Ich schämte mich fürchterlich für meine Feigheit. Ich hätte Marie gerne erklärt, was da für mich auf dem Spiel stand, aber das war unmöglich. Und das nicht nur, weil in dem Moment der Holps in die Klasse kam und der Unterricht anfing.

Als die sechste Stunde endlich vorbei war, traf ich Maximus vor der Schule. Leon stand grinsend daneben. Spätestens da hätte ich wissen müssen, dass irgendetwas gar nicht in Ordnung war.

Ich wollte warten, bis Leon verschwunden war, aber er machte keine Anstalten zu gehen und Maximilian schien seine Anwesenheit nicht zu stören. „Wegen der Sache mit deinem Onkel …", begann er.

„Ja?", ich klang nervöser, als ich wollte.

„Dein Plan war gut, aber er hier", Maximus nickte Leon zu, „hat mich auf eine noch viel bessere Idee gebracht."

Unruhe, der Vorbote der Angst, flatterte durch meinen Brustkorb. „Leon?"

Leon setzte ein unschuldiges Lächeln auf. Mein Magen begann sich langsam zu drehen. Wenn Leon auch nur ahnte, dass ich Maximus zu Weihnachten bei uns haben wollte …

„Es ist eine bescheuerte Idee, dass Maximilian Weihnachten bei euch verbringen soll."

Ich merkte, wie mir die Wut in den Kopf stieg. Dieser eifersüchtige Affe! Er hatte keine Ahnung und torpedierte meinen ganzen, sorgfältigen Plan.

Maximilian nickte. „Leon hat natürlich Recht. Und er hat eine viel bessere Idee!"

Meine Knie begannen zu zittern und ich setzte mich auf den nächsten Schneehaufen. „Und welche Idee ist das?", fragte ich. Dabei war ich mir ziemlich sicher, dass ich es gar nicht wissen wollte.

„Ich werde meine Mutter überreden, zu Weihnachten mit mir nach Kuba zu fliegen oder nach Hawaii oder in die Dom Rep – irgendwohin, wo man richtig fein Urlaub machen kann." Maximus grinste. Er war sichtlich stolz auf diesen Plan.

„Und mein Onkel?" Meine Stimme piepste viel zu hoch.

„Dein Onkel? Der darf den Spaß bezahlen! Und solange ich bekomme, was ich will, kann es mir doch egal sein, was dein Onkel will oder nicht will. Und ich wollte schon immer auf eine einsame Insel mit Palmenstrand."

„Kuba hat 11 Millionen Einwohner. Mindestens", warf ich schwach ein.

Maximus war kurz irritiert, er fing sich aber schnell wieder. „Aber Palmen gibt es da ja wohl, oder?! Und dein Onkel wird dafür sorgen, dass ich sie sehe."

„Ja, Maximilian muss seiner Mama nur erklären, dass das erste Weihnachten mit ihrem Lover und ihrem Sohn etwas ganz Besonderes ist und mit einem Palmenchristbaum gefeiert werden muss", feixte Leon.

„Und jetzt wird uns Google verraten, wo es am schönsten ist – und am teuersten!", verkündete Maximus.

Ich blieb in meinem Schneehaufen sitzen und schaute ihnen zu, wie sie hinter der nächsten Ecke verschwanden. Dass wir einen Deal hatten, schien Maximus einfach vergessen zu haben. Oder noch schlimmer: Es war ihm egal.

„Wussten Sie, dass wir in einer Diktatur leben?", fragte ich Signore Montesanto, als ich mich die Stiegen in den dritten Stock hochschleppte.

„Schon lange", brummte er.

Da kam die Stimme der alten Pelinka von irgendwo über uns: „Was redet der Bub für einen Unsinn? Bringen sie euch in der Schule gar nichts mehr bei? In einer Demokratie leben wir, jawohl, in einer Demokratie."

Ich verdrehte die Augen und sagte zum Signore: „Zu blöd, dass der Maximilian Kaiser das nicht weiß."

„Kaiser?" Die Pelinka hatte wirklich ein feines Gehör. „Wir haben keinen Kaiser, du Dummkopf. Wir haben einen Präsidenten, das haben wir. Und wenn du es genau wissen willst – hinter jedem starken Präsidenten steht auch eine starke Frau."

„Wovon redet sie?", deutete ich dem Signore stumm.

„Woher soll ich das wissen?", deutete der Signore zurück.

„Da hörst du es", sagte er laut. „Sie haben wieder einmal Recht, Frau Pelinka. Alleine regiert hat noch niemand."

„Ja", dachte ich bitter. „Der Maximilian ist der Kopf, aber der Leon ist das Hirn." Damit hatte ich nicht gerechnet.

Als ich unsere Wohnungstür aufsperrte, hörte ich, wie die Pelinka zum Signore rief: „Weihnachten ist in drei Wochen. Wohin wollen Sie denn mit ihrer Mutter fahren? Und wann?"

„Wir fahren nach Italien, meine Mutter und ich."

„Und wann? Ich frag ja nur, weil dann keiner da ist, der sich um das Haus kümmert."

„Solange Sie da sind, Frau Pelinka, ist das Haus nicht verlassen." Alle Achtung. Honig ums Maul schmieren konnte Signore Montesanto wie kein anderer. Ob er das beim Geheimdienst gelernt hatte?

Trotzdem ließ die Pelinka nicht locker: „Wenn ich weiß, wann Sie fahren, kann ich Ihnen ja das Gießen abnehmen."

„Wir fahren bald, ja, sehr bald." Der Signore sagte das nachdenklich und ernst. Bei dem Gedanken, er könnte jetzt einfach wegfahren und mich auch alleine lassen, zog sich mein Magen zusammen. Ich vertrieb den Gedanken mit einem Kopfschütteln und schloss die Tür hinter mir.

Lieber Papa,

das mit dem allerbesten Weihnachten ... also, ich arbeite daran. Ich sage dir noch Bescheid ... später. Irgendwann. Die Details erspare ich dir jetzt, aber Maximilian Kaiser ist endgültig zu einem Diktator geworden, der alle tyrannisiert. Ich wette, der hat im Kindergarten schon den anderen Kindern die Stofftiere weggenommen, und wenn er mit 80 im Rollstuhl sitzt, wird er seinem Zimmernachbarn das Hörgerät viel zu laut drehen. Jetzt macht er auch nichts als Schwierigkeiten. Ich wünschte, ich könnte ihn auf den Mond schießen!

Henri

Noch 14 Tage

Den darauffolgenden Tag verbrachte ich wie in Trance. Ich wurde nicht einmal nervös, als der Wurzinger uns die Handys zurückbrachte, die er uns abgenommen hatte. Wir taten, als würden wir uns riesig freuen, aber er war misstrauisch. „Ich verstehe nicht, dass eure Eltern sich nicht beschwert haben, kein einziger! Dabei regen die sich doch sonst gleich über alles auf", sagte er nachdenklich.

„Die sind mit Weihnachten beschäftigt", erklärte Maximus ganz selbstverständlich. „Ich will eine neue Playstation und sieben Spiele. Dürften schwer zu kriegen sein." Das musste man schon bewundern, wie der Maximus Ausreden aus dem Ärmel schüttelte.

Wenn sie sich gerade nirgends herausreden mussten, waren Maximus und Leon so damit beschäftigt, die Vorzüge von verschiedenen Inseln abzuwägen, dass sie ganz darauf vergaßen, irgendjemanden zu schikanieren. Am Ende entschieden sie sich für Hawaii.

„Der Anton hat mächtig viel Kohle und jetzt, wo er noch richtig verliebt ist, wird er am meisten springen lassen", argumentierte Maximus. „Das ist immer so." Er war über Nacht zu einem Experten in Sachen Liebe und Fernreisen gereift.

Ansonsten passierte den ganzen Tag nicht viel – mit Ausnahme einer gewaltigen Sache. Marie ging mir noch immer aus dem Weg. Ich hätte ihr gern erklärt, warum ich Florian gerade nicht so helfen konnte wie sie mir im Mädchenklo, aber dazu fehlte mir die Kraft.

Dafür redete kurz vor der letzten Stunde plötzlich ein anderes Mädchen mit mir. Und das war mehr als erstaunlich. Das war eigentlich unmöglich. Denn Elsie Johansson ist das schönste Mädchen der Klasse. Ach was, der ganzen Schule. Wahrscheinlich sogar der ganzen Stadt. Oder ... egal. Jedenfalls war es so: Jeder – ausnahmslos jeder – in meinem Jahrgang war in Elsie verliebt. Ich natürlich auch. Als ich Elsie zum ersten Mal sah, wusste ich: Ich würde sie eines Tages küssen oder sterben, je nachdem. Aber mir wurde schnell klar, dass ich im Elsie-Universum gar nicht existiere.

Allein die Wahrscheinlichkeit, dass Elsie mich wahrnahm, stand irgendwo bei null Komma null. Eher würde ich mit einer selbstgebauten Rakete auf den Mars fliegen. Also probierte ich es gleich gar nicht und beschränkte mich darauf, während der Schulstunden ihren schönen Rücken zu bewundern.

Aber an diesem Tag stand sie plötzlich vor mir und sagte: „Ich möchte mich bei dir bedanken."

Äh? Was? Ich war so überrascht, dass ich vermutlich ziemlich dämlich dreinsah.

„Wegen euch hat meine Schwester mein Handy wiederbekommen. Ab heute ist es ja wieder offiziell, dass sie, also ich, es haben darf. Deshalb danke!", sie lächelte, drehte sich um und ging.

Es brauchte eine Weile, bis diese Information durch meine Hirnwindungen sickerte. Bis mir klar wurde, dass die Erstklässlerin Elsies kleine Schwester gewesen sein musste. Dass wir also Elsies Handy wieder besorgt hatten. Dann dachte ich den Rest des Tages an gar nichts, außer daran, dass Elsie Johansson mich angelächelt hatte.

Am Abend im Bett hatte ich ein schlechtes Gewissen, weil ich über Elsies weißen Zahnreihen meinen gescheiterten Plan und Papa völlig vergessen hatte. Aber ehrlich gesagt, ich war langsam damit durch. Ich wollte zwar noch ein letztes Mal einen Versuch starten und mit Onkel Anton reden, aber ich hatte keine großen Hoffnungen mehr. Anton hatte ja von Anfang an klargestellt, wie er zum Thema Weihnachten stand. Der würde tun, was seine neue Freundin wollte, und die, daran zweifelte ich keine Sekunde, würde genau das machen, was Maximus wollte.

Und das war richtig schlimm. Denn dass ein gemeinsames Weihnachten mit Onkel Anton Papas Rettung gewesen wäre, war mir inzwischen völlig klar. Denn immer, wenn Papa Mama oder mich von Onkel Anton reden hörte, bewegte er sich. Einmal hätte er sogar fast mit uns gesprochen. Onkel Anton musste ihm wirklich ziemlich viel bedeuten.

Deshalb hatte ich es auch noch nicht übers Herz gebracht, Papa von meinem gescheiterten Plan zu erzählen. Denn da gab es diesen einen fiesen Gedanken, den ich nicht denken wollte, weil er mir Angst machte. Es war eine Frage, eine Ahnung, eine Befürchtung: Was, wenn Papa nie mehr wieder mit mir reden würde, sobald er herausfand, dass mein Plan nicht geklappt hatte? Dass ich versagt hatte. Dass ich mein Versprechen nicht eingelöst hatte. Dass ich nicht stark genug war. Hatte ich am Ende dadurch alles noch viel schlimmer gemacht?

Diesem fiesen Gedanken wollte ich entkommen – und da war mir das Bild von Elsies lächelndem Erdbeer-mit-Schlagobers-Mund eine willkommene Ablenkung. Ja, es wäre genial ... wenn Elsie sich in mich verlieben würde, dann würden wir heiraten und Kinder kriegen. Dann hätte ich eine eigene Familie, in der sich nie jemand einfach wegdrehen würde. Und dann wäre Papa nicht mehr so wichtig. Er könnte auf einer Couch versauern, bis er alt und schrumpelig war, und seine Enkel würden ihn abstauben und ihn ab und zu mit einem Strohhalm Suppe füttern. Ich wusste, wie absurd der Gedanke war, aber er tat gut.

Nach drei Tagen, in denen ich Elsies Lächeln permanent in meinem Kopf herumgetragen hatte, wusste ich, dass etwas geschehen musste.

Und wie immer, wenn ich nicht wirklich weiterwusste, klopfte ich bei Signore Montesanto. Er trug nur Hemd und Weste, sein Jackett hing über einem Sessel. Ich hatte den Signore noch nie ohne sein Jackett gesehen. Vermutlich versteckte er Geheimwaffen im Innenfutter und wollte sie immer dabeihaben. Wäre ja auch blöd zu wissen, wie man eine Bombe entschärft, und dann, ausgerechnet wenn man sie brauchte, die Bombenentschärfzange nicht dabeizuhaben.

Während der Signore Kaffee kochte, tastete ich vorsichtig sein Jackett ab, ich konnte nicht anders. Aber ich fand nur einen Kugelschreiber. Er sah aus wie ein ganz normaler Kugelschreiber, verdächtig gewöhnlich, also fasste ich ihn lieber nicht an. Es juckte mich zwar in den Fingern herauszufinden, was passieren würde, wenn ich den Knopf drückte, aber am Ende war es mir dann doch zu riskant – was, wenn ich damit das ganze Haus in die Luft jagte?

Als der Signore den Kaffee servierte, saß ich schon auf meinem Platz am Sofa und versuchte, möglichst unschuldig auszusehen.

Der Signore merkte sofort, dass etwas nicht stimmte und sah genau dorthin, wo ich krampfhaft *nicht* hinschauen wollte.

„Hast du meinen Kugelschreiber angefasst?", fragte er streng.

Ich schüttelte energisch den Kopf.

„Gut." Er entspannte sich und schenkte sich zum Kaffee auch einen Schluck Grappa ein.

Weil er nicht schimpfte und mich nicht hinauswarf, traute ich mich zu fragen: „Warum wollen Sie nicht, dass jemand Ihren Kugelschreiber angreift? Hat er eine eingebaute Bombe? Kann man damit das ganze Haus sprengen?"

Signore Montesanto sah mich überrascht an. „Er war teuer und er war ein Geschenk von ... jemandem, der mir sehr viel bedeutet."

Ich hätte ihn zu gerne gefragt, von wem er den Kugelschreiber hatte, aber im Moment war ich froh, dass er nicht böse auf mich war, und verschob die Frage auf später.

Wir schwiegen eine Weile. Ich weiß nicht warum, aber das Schweigen mit dem Signore ist schöner als das Reden mit den meisten Menschen. Oft redet man und der andere redet und keiner hört richtig zu. Dem Signore brauche ich nichts zu sagen und er versteht mich trotzdem.

Der Grappa roch wie Desinfektionsmittel. Aber der Signore schien das zu mögen. Als er sein Gläschen getrunken hatte, schmatzte er mit den Lippen. „Jetzt bin ich bereit", sagte er. „Was verschafft mir die Ehre deines Besuches?"

„Es geht um Elsie. Das schönste Mädchen der Stadt." Ich wurde rot.

„Gut, mit schönen Mädchen kenne ich mich aus." Der Signore sagte das ganz ernst und lachte mich nicht aus. Ich atmete auf.

„Elsie", erklärte ich, „sitzt schräg vor mir. So kann ich ihren perfekten Rücken sehen und ich sehe, wie sie ihren Kopf schief legt, wenn sie etwas nicht versteht oder wenn sie überlegt –

das macht sie circa 5,4 Mal in der Stunde, am Nachmittag öfter."

Der Signore hustete. „Du hast mitgezählt?"

Statt einer direkten Antwort sagte ich nur: „Sie hat mich vor ein paar Tagen angelächelt. Jetzt muss ich mit ihr reden, bevor sie mich für einen Idioten hält, der den Mund nicht aufkriegt. Aber ich weiß nicht, was ich ihr sagen soll."

„Ganz richtig, dass du zu mir gekommen bist." Der Signore nickte. „Was du brauchst, Henri, ist ein ordentliches Kompliment! Denk nach, was könntest du Elsie sagen?"

„Dass sie das schönste Mädchen der Stadt ist."

„Das ist alles?" Signore Montesanto holte tief Luft und raufte sich die Haare. „Ich muss der Frau Pelinka Recht geben: Was bringen sie euch heute noch in der Schule bei?"

Ich zuckte mit den Schultern, er seufzte und nahm einen Schluck Kaffee.

Als er mit Händeringen fertig war, holte er eine alte Fotografie aus einer verstaubten Schachtel. „Als ich jung war, da war ich genau wie du. Ich hatte keine Ahnung. Aber ich hatte Onkel Vittorio." Dabei klopfte er liebevoll mit dem Zeigefinger auf das Bild eines Mannes mit einem imposanten Schnauzbart. „Und du, Henri, du hast mich. Sei froh!"

Ich nickte heftig. Das war ich.

„Onkel Vittorio hat mir alles beigebracht, was man über die Liebe und die Frauen wissen muss. Das hat mir mehr als einmal das Leben gerettet. Das Wesentliche ist, wie immer, ganz einfach: Worte sind Magie!" Dann wackelte er mit dem Zeigefinger. „Du musst nur auf eine Sache aufpassen: Du musst wirklich meinen, was du sagst", fuhr er dann mit bedeutungsvoller Miene fort.

„Kein Problem – Elsie ist wirklich wunderschön!", rief ich sofort.

„Madonna mia – wunderschön? Papperlapapp. Nichts verstehst du! Ein richtiges Kompliment klebt nicht an der Oberfläche, es rührt an die Seele. Am besten, du sagst etwas, das sie selbst noch nicht weiß. Das bedeutet: Bevor du deinen Mund aufmachst, musst du die Augen aufmachen, und das Herz."

So schwierig hatte ich mir das nicht vorgestellt.

„Lass den Kopf nicht hängen, mein Junge, jetzt erzähle ich dir von Vittorio. Der war immerhin 50 Jahre glücklich verheiratet." Er schloss die Augen. „Seine Frau Anna hatte ziemlich dicke Waden und ein schiefes Gesicht – ihre Nase war nicht, nun, sie war nicht in der Mitte, sie war nicht da, wo eine Nase hingehört – verstehst du?"

Ich nickte: „Sie war hässlich."

„Oh Jesus und Maria", schrie da der Signore auf und hüpfte vom Sofa. „No, no, no, so etwas darfst du niemals sagen. Eine Frau ist nie, nie, NIEMALS hässlich, Henri, hörst du?! Eine Frau ist wunderschön, sie ist überaus attraktiv oder sie ist zauberhaft."

Während er sprach, malte der Monsignore mit den Händen Bilder von Frauen in die Luft, er zwinkerte und warf Kusshände. Dann beruhigte er sich und setzte sich wieder.

„Wenn eine Frau nicht bezaubernd ist, dann ist sie ansehnlich oder sie macht eine gute Figur. Eine Frau ist Vieles, Henri, aber niemals, merk dir das, niemals ist sie hässlich! Onkel Vittorio wusste das. Die Frauen liebten ihn dafür. Er hätte leicht Probleme mit eifersüchtigen Ehemännern bekommen können, aber jeder wusste: Vittorio liebte seine Anna. Immer fand er schöne Worte für sie."

„War sie denn besonders nett?", wollte ich wissen.

Der Signore dachte nach. „Nein, nein, das kann man nicht sagen. Ich verstand lange Zeit nicht, was Onkel Vittorio an Anna fand. Aber eines Tages nahm er mich beiseite und schwärmte: ‚Ist dir schon einmal aufgefallen, dass deine Tante Anna die schönsten Hüften hat? So einen Hüftschwung findest du landauf, landab nirgendwo sonst. Und hast du schon einmal ihre Hände gesehen? Was für Hände! Und wie sie damit kocht! Und ist dir schon aufgefallen, dass deine Tante immer besonders laut schreit, wenn ich traurig bin? Sie spürt das. Sie will nicht, dass ich traurig bin. Also schreit sie. Sie will mich auf andere Gedanken bringen.' Ich verstand ihn sofort. Das war es also, Vittorios Geheimnis von den Frauen. Er sah das Schöne, wo andere nur das Hässliche sehen konnten. Merk dir das."

„Aber was", beharrte ich, „wenn eine wirklich hässlich ist, Monsignore? Was soll man da zu ihr sagen?"

„Wenn du nichts Schönes an einem Menschen findest", schnappte der Signore, „dann hast du nicht genau genug hingesehen! Und dann hältst du besser die Klappe, bevor eine Dummheit herauskommt!"

Er schwieg eine Weile und auch ich dachte nach. Ich würde Elsies Rücken wohl noch länger und viel genauer beobachten müssen. Besser, sie hielt mich vorerst für einen stummen Idioten, als dass ich mich für immer vor ihr lächerlich machte.

„Weißt du, das ist nicht nur leeres Geschwätz und Liebesgeflüster. Wenn du meinst, was du sagst und du es schaffst, deinen Blick für das Schöne zu schärfen – so etwas kann dir das Leben retten", erklärte der Signore zwischen zwei Schluck Kaffee.

Ich war sofort ganz Ohr. „Vittorios Geheimnis hat Ihnen das Leben gerettet?"

„Oh ja, das kann man sagen. Vor vielen Jahren. Ich wurde geschnappt – ein kurzer Moment Unaufmerksamkeit und schon war es vorbei. Ich wurde in ein schwarzes Loch gesteckt, bei

Wasser und Brot. Mehrere Tage lag ich da, bis man mich schließlich wegbrachte. Zu einem Verhör zur Stählernen Gräfin.

Sie sah aus wie ein Esel, hatte ein Gebiss wie ein Hai und Haare wie ein Drahtgestell. Sie war eiskalt, sie kannte keine Gefühle und keine Gnade. Ein Glück, dass ich zu dieser Zeit nichts zu verraten hatte. Denn nach einer Woche Verhör hätte ich ihr alles gesagt, darauf kannst du wetten.

Aber als sie sah, dass es bei mir keine brauchbaren Informationen zu holen gab, wollte sie mich natürlich kaltstellen. Das tat sie für gewöhnlich, ohne mit der Wimper zu zucken. Sie fragte nur: ‚Hast du einen letzten Wunsch, bevor wir dich erschießen?' Das war alles – hast du einen letzten Wunsch? Sie dachte wohl, ich würde um eine Zigarette bitten oder um mein Leben betteln. Aber ich war vorbereitet.

Während sie mich eine Woche lang gequält hatte, war auch ich nicht untätig gewesen. Ich atmete tief durch und ließ alle Angst um mein Leben fallen. Ich dachte nicht mehr an mich, ich sah ihr direkt in die Augen. Und da sah ich nicht die Stählerne Gräfin, da sah ich hinter der stahlharten Maske eine Frau wie Vittorios Anna. Was glaubst du, was ich dann zu ihr sagte?"

Der Signore wartete meine Antwort nicht ab. „Ich sagte: ‚Signora, Sie haben eine Stimme wie ein Engel. Sie sollten an der Scala singen. Ich bitte Sie, mir einmal etwas zu sagen, das der Schönheit Ihrer Stimme gerecht wird.' Eine Weile war es still. Dann sagte sie: ‚Sie sind frei.'

Und das war's, ich konnte gehen. Meine Worte hatten sie zutiefst gerührt. Ein Jahr später sang sie an der Oper und ich brachte ihr hundert Rosen. Das war eine Frau, Henri – wenn sie sang, konnte jeder sofort sehen, wie schön sie war! Wenn der Mund zu war …", er lächelte leicht gequält, „war es etwas schwieriger. Dann", zwinkerte er, „brauchte es einen Könner."

Lieber Papa,

wenn einer besonders ist, dann bekommt er alles, was er will. Zum Beispiel Maximus. Der ist besonders gemein. Der droht einmal mit der Faust und schon machen alle, was er will. Oder Elsie. Die ist besonders schön. So schön, dass du nicht mehr klar denken kannst, wenn sie dich anschaut.

Ich glaube, wenn ich nur ein bisschen besonders wäre, dann würdest du wieder mit mir reden. Dass ich dich besonders lieb habe, zählt wahrscheinlich nicht? Ich sage es dir trotzdem, nur für den Fall, dass ich nicht da bin, wenn du eines Tages das Sofa verlässt. (Irgendwann werde ich ja auch eine eigene Wohnung haben und eigene Kinder.)

Dein Henri

PS: Ja, also, wo wir schon bei besonderen Sachen sind und dass ich dazu nicht tauge ... Bitte erwarte dir doch nichts Besonderes von Weihnachten. Die Dinge laufen nicht so, wie geplant und, na ja, es wird ein ganz normales Weihnachten mit Mama und mir. Es tut mir leid.

Noch 12 Tage

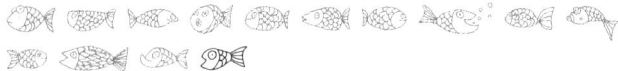

„In Hawaii gibt es Haie", sagte Florian, nur um irgendetwas zu sagen, als er sein Taschengeld bei Maximus ablieferte.

„Ja?" Maximus klang erfreut. „Vielleicht erwische ich einen!" Er zielte mit einer imaginären Harpune auf mich und drückte ab: „Pschht."

„Treffer!", schrie Leon.

„Ich hoffe, die Haie fressen ihn", murmelte die Pechmarie und sprach mir damit aus der Seele.

„Was hat sie gesagt?", wollte Maximus wissen.

„Sie sagt, wenn es Blut im Wasser gibt, kommen alle Haie zum Fressen", erklärte ich.

„Umso besser, dann erwische ich noch einen. Den dicken da", er zielte auf Florian, aber der duckte sich unter den Tisch wie ein Blitz. „Pschht, daneben."

Ich sah zu Marie hinüber. Ich wollte mit ihr reden, aber sie ging mir noch immer aus dem Weg. Da kritzelte ich „Es tut mir leid wegen neulich" auf einen Zettel und steckte ihn ihr möglichst unauffällig zu, als der Unterricht begann. Sie war so überrascht, dass sie den Zettel nahm. Als ich mich das nächste Mal zu ihr umdrehte, schaute sie noch immer weg, aber mir schien, sie tat es freundlicher – wenn das überhaupt geht: freundlich wegschauen.

Leon dagegen gab den ganzen Tag keine Ruhe. Ich wusste bald mehr über Hawaii als ein durchschnittliches Reisebüro.

„Heute werden Maximilian und seine Mama mit deinem Onkel reden!", eröffnete er mir in der großen Pause feierlich.

„Heute?" Ich hatte gedacht, sie hätten es Onkel Anton längst gesagt.

„Ja, sie wollten warten, bis er da ist. Dann können sie es ihm persönlich sagen."

Maximus sah die Überraschung auf meinem Gesicht: „Sag bloß, du wusstest nicht, dass dein Onkel heute nach Wien kommt?" Er grinste.

Ich schluckte. ‚Zumindest weiß ich es jetzt', dachte ich. ‚Und eigentlich ist es auch gar nicht so schlecht, dass er schon in der Stadt ist.' Ich nahm mir vor, zu Hause gleich Onkel Anton anzurufen und ihn einzuladen.

Vielleicht gab es ja doch noch eine winzig kleine Chance, vielleicht, wenn Onkel Anton uns besuchte und sah, wie schlecht es Papa ging …

Aber es kam – wieder einmal – alles anders. Zu Hause nach der Schule erfuhr ich von Mama, dass Onkel Anton schon da gewesen war. „Ein Überraschungsbesuch, ich hatte keine Ahnung", sagte Mama. Er hatte ihr von seiner neuen Freundin erzählt und Papa begrüßt. Auf mich hatte er nicht warten wollen, er hatte es eilig gehabt.

Ich wollte von Mama wissen, ob Papa mit Onkel Anton geredet hatte – nein, das hatte er nicht, Papa hatte sich schlafend gestellt – und was Onkel Anton zu Papas Zustand gesagt hatte – nicht viel, typisch Onkel Anton eben. Und dann wollte ich natürlich wissen, ob sie Onkel Anton an unsere Weihnachtseinladung erinnert hatte – ja, das hatte sie.

„Und?" Mein Herz schlug bis zum Hals.

„Was und?"

„Was hat Onkel Anton gesagt? Kommt er?"

Mama zuckte mit den Schultern. „Er hat gar nichts gesagt."

Es rauschte in meinen Ohren und ich musste wohl ziemlich verzwickt dreingeschaut haben. Zumindest meinte Mama: „Tut dir was weh?" Ich schüttelte den Kopf.

Sie sah mich prüfend an, dann sagte sie: „Frag Onkel Anton doch noch einmal selbst, wenn es dir so wichtig ist. Vielleicht erwischst du ihn noch, wenn du dich beeilst. Weit kann er nicht sein. Er wollte noch schnell zum Frisör ums Eck, zu Oliver, bevor er seine Carola trifft."

Sie hatte kaum ausgeredet, da war ich auch schon bei der Tür.

„Vergiss deinen Schal nicht, es ist kalt heute!"

Ich lief zurück, schnappte Jacke, Haube und Schal, dann rannte ich los.

Es klingelte laut, als ich den kleinen Salon betrat. Aber ich hörte es kaum, denn tatsächlich: Onkel Anton saß da auf dem Frisörsessel. Er trug einen großen weißen Plastikumhang um den Hals. Er telefonierte und gab gleichzeitig dem Frisör stumme Anweisungen, was er zu tun hatte. Ich nickte Oliver freundlich zu. Er schnitt auch mir immer die Haare. Seine Arme und Hände waren wild tätowiert und für einen Moment sah es aus, als würden sich die Schlangen von Olivers Armen um Onkel Antons Kopf winden.

„Nein, das ist unmöglich. Die müssen sich schon etwas Besseres einfallen lassen, wenn sie mit uns arbeiten wollen. Wenn sie das Angebot nicht verdoppeln, steigen wir aus", zischte Onkel Anton in sein Handy. Er runzelte die Stirn und hielt Olivers Hand fest. „Warten Sie, Frau Drescher, ich muss hier ein Desaster verhindern, ich rufe Sie zurück!" Und an Oliver gewandt: „Mann, ich will nicht aussehen wie ein Kurzhaardackel, lassen Sie die Haare an den Seiten etwas länger." Oliver schüttelte Onkel Antons Hand ab, aber er tat, was gewünscht wurde.

Onkel Anton sah mich im Spiegel: „Henri! Was für eine Überraschung!" Er lächelte etwas steif und ich war nicht sicher, ob es nur daran lag, dass er seinen Kopf nicht bewegen konnte.

Ich ging zu ihm und schüttelte ihm die Hand. Lieber hätte ich ihn umarmt, so froh war ich, dass er endlich da war. Aber ich wusste es plötzlich nicht mehr: Umarmt man einen Menschen, den man seit Jahren fast nur mehr vom Telefonieren kennt?

„Was bringt dich her?" Es klang geschäftsmäßig, wie er das sagte. Erst nach einem Blick auf die Uhr entspannte er sich ein wenig.

„Also ... ähm ... um ... es geht um Papa, nein Weihnachten, also ja ... Papa und Weihnachten", stammelte ich. Ich wusste nicht, was ich sagen sollte, schließlich hatte er Papa ja schon gesehen. Er musste doch längst wissen, was los war.

„Ich weiß, deine Mutter hat mich noch einmal daran erinnert, dass du dir wünschst, dass ich Weihnachten mit euch feiere. Aber weißt du Henri, ich habe eigentlich schon andere Pläne", dabei schielte er auf das Ablagetischchen vor dem Spiegel. Da lag ein Reiseführer. „Hawaii" stand drauf.

Ich schluckte. Damit löste sich auch meine letzte klitzekleine Hoffnung in Luft auf. „Du hast den Maxim..., also den Maximilian schon getroffen?"

„Wen? Den Maxi? Nein, nein, seine Mutter, aber nur sehr kurz."

Maxi? Onkel Anton durfte Maximus ungestraft *Maxi* nennen?

Und es sickerte endgültig in mein Hirn, was Onkel Anton außerdem gesagt hatte. Er hatte Frau Kaiser nur kurz gesehen und schleppte schon einen Reiseführer mit sich herum. Das war's dann wohl. „Du willst nach Hawaii?", fragte ich schwach.

„Ja, vielleicht. Wir reden darüber." Onkel Anton lächelte, bis er mein Gesicht im Spiegel sah.

Ich drückte meine Fäuste ganz fest zusammen, so fest, dass sich die Fingernägel in die Handflächen bohrten. Das half ein bisschen, um die Tränen zurückzuhalten und das Zittern aus meiner Stimme zu vertreiben.

„Du weißt ja, Papa ..." Onkel Anton sah mich fragend an. „Na ja, ich dachte, er würde sich freuen, wenn du Weihnachten mit uns, also mit ihm, verbringst. So wie früher, Weihnachten mit der Familie."

Meine ganze schöne Idee, mein ganzer wunderbarer Plan klang plötzlich seltsam in meinen Ohren. „War vielleicht keine so gute Idee", murmelte ich.

Onkel Anton befreite eine Hand aus dem weißen Plastikumhang und legte sie mir auf die Schulter. „Stimmt, Henri, dein Papa hat Weihnachten immer gern gehabt, als Kind schon. Ich bin mir nur nicht sicher, dass er sich freut, wenn ich komme ...", er sah mich zweifelnd an.

„Es geht ihm nicht gut", nuschelte ich und ärgerte mich, weil meine Stimme so dünn klang.

„Ach, das wird schon wieder!" Onkel Anton machte eine wegwerfende Handbewegung und hätte Oliver beinahe die Schere aus der Hand geschlagen. „Ist nicht das erste Mal, dass sich mein großer Bruder so gehen lässt. Unkraut vergeht nicht!"

Für einen Moment war nur das gleichmäßige „Schnippschnipp" der Schere zu hören.

„Kommst du zu Weihnachten?", fragte ich leise.

Onkel Anton sah erst mir in die Augen und dann auf den Reiseführer.

„Wir werden sehen, Henri. Ich melde mich bei euch, ok?"
Als ob das Papa helfen würde!

Es gab nichts mehr zu sagen, ich wandte mich zum Gehen. Dann drehte ich mich doch noch einmal um: „Ich würde nicht mit Maxi…milian in den Urlaub fahren", sagte ich trotzig.

Onkel Anton schaute erstaunt. „Ich dachte, ihr seid Freunde?"

„Ich bin sicher, dass er dir den Urlaub nur vermasselt", würgte ich hervor. Dann stolperte ich aus dem Laden und ließ Onkel Anton mit einem Fragezeichen im Gesicht allein.

Zu Hause seufzte ich resigniert und schob Papa auf dem Sofa zur Seite. Dann legte ich mich neben ihn. Es war angenehm warm. ‚Wenn einer als Papa nicht mehr funktioniert, dann kann er es immer noch als Wärmflasche versuchen', dachte ich, während ich einschlief.

Ich träumte von einem Hai, der aussah wie Maximilian und mich fressen wollte. Ich hatte kaum mehr genug Kraft, um davonzuschwimmen. Papa war ein Fischer, der traurig in einem Boot saß und zuschaute. Onkel Anton stand ganz in der Nähe auf einer kleinen Insel und schnitt mit einer riesigen Gartenschere Unkraut, als hätte es ihn persönlich beleidigt – schnipp, schnipp, schnippschnipp.

Ich hörte das Wasser in meinen Ohren rauschen, hörte Maximus lachen, die Schere klappern, und leise, ganz leise, hörte ich jemanden singen. Da, unter Wasser, am Meeresgrund saß eine wunderschöne Meerjungfrau, die aussah wie Elsie mit den Haaren der Pechmarie. Die Meerjungfrau sang ein Lied und eine ihrer Haarsträhnen wickelte sich um meinen Knöchel und zog mich in die Tiefe.

Ich strampelte weiter, aber ich war schon richtig erschöpft und das Ziehen wurde immer stärker …

Ich wachte auf. Mein Knöchel tat noch immer weh. Die Fernbedienung für unseren Fernseher hatte sich in mein Bein gebohrt. Ich hatte mich schon gewundert, wo sie geblieben war. Seit ich James Bond angeschaut hatte, war sie verschwunden gewesen. Hatte Papa die ganze Zeit darauf gelegen?

Lieber Papa,

ich habe nachgedacht. Du hast nur einen Sohn, aber wenn du willst, kannst du irgendwann noch mehr Kinder haben. Ich werde immer nur einen Papa haben. Und wenn du nichts mehr von mir wissen willst, dann ist das wie auf dem Fußballplatz bei Regen: Der Boden rutscht einem unter den Füßen weg und man muss trotzdem immer weiterlaufen.

    Ich weiß nicht, ob du das verstehen kannst, Papa. Für mich ist es auch schwer zu verstehen, dass du nicht böse auf mich bist. Mama sagt, dass du eine Krankheit hast, die deine Gefühle von innen auffrisst wie ein ekliger, unsichtbarer Alien. Wenn ich den blöden Alien sehen könnte, würde ich ihn verprügeln. Aber wie kämpft man gegen etwas, das man nicht sehen kann?

Ich hab dich lieb,
Henri

PS: Über zehn Jahre habe ich mich abgerackert, ein ordentlicher Sohn zu sein. Ich bin sogar in den Kindergarten gegangen, obwohl ich da immer Grießbrei essen musste, und von Grießbrei wird mir heute noch schlecht. Ohne zu meckern bin ich in die Schule gegangen. Sogar Schönschreiben habe ich gelernt, obwohl normal schreiben doch auch reichen müsste. Und du wirst von innen aufgefressen und redest nicht einmal mehr mit mir. Fair ist das nicht!

Noch 9 Tage

Onkel Anton ließ das ganze Wochenende nicht von sich hören.

„Er will sicher lieber Zeit mit seiner Freundin verbringen." Mama wollte nicht, dass ich mich schlecht fühlte, aber an der Art, wie sie ihre Lippen zusammenpresste, konnte ich sehen, dass sie mit Onkel Antons Verhalten auch nicht ganz einverstanden war.

„Er hebt nicht einmal ab", murrte ich.

„Hör auf, ihn dauernd anzurufen, er will seine Ruhe haben", sagte Mama und umarmte mich. Für einen Moment versank ich in ihrem kuscheligen Pullover und ihrem vertrauten Geruch.

Nachdem sie mich noch einmal fest gedrückt hatte, ging sie in die Küche.

Auf dem Weg warf sie Papa, der sich gerade auf dem Sofa umdrehte, einen bösen Blick zu. „Noch einer, der nur seine Ruhe haben will", murmelte sie und hoffte wohl, dass ich sie nicht hörte.

Als es Zeit war, in die Schule zu gehen, gab Mama mir meine Jause in die Hand und meinte: „Ich weiß, dein Herz hängt daran, dass Onkel Anton zu Weihnachten kommt. Aber du solltest dich langsam von der Vorstellung trennen. Der Anton hat seine eigenen Pläne für die Feiertage." Ich nickte. Ich wusste, dass sie Recht hatte. Ich sollte mir den Gedanken tatsächlich aus dem Kopf schlagen. Vielleicht sollte ich mir Weihnachten überhaupt aus dem Kopf schlagen. Einfach nicht feiern. Aus. Punkt. Schluss.

Mich zu Papa auf die Couch legen und schlafen und warten bis Weihnachten vorbei war, bis überhaupt alles vorbei war. Kurz hatte ich das ungute Gefühl zu verstehen, was in Papa vorging.

Ich seufzte und machte mich auf den Weg zur Schule. Weihnachten aus dem Weg zu gehen war unmöglich. Jeder zweite Busch bog sich unter einer Lichterkette, von den Balkonen baumelten Engel und Rentiere. Einmal stieg mir sogar der Geruch von Punsch in die Nase, dabei war es noch nicht einmal 8 Uhr Früh. ‚Es lässt sich nicht ausblenden', dachte ich bitter. ‚Weihnachten liegt in der Luft.'

In der Klasse baumelte Weihnachten dann sogar direkt vor meiner Nase. In Form von Ohrringen, die aussahen wie kleine Weihnachtsbäume. Sie hingen an den hübschesten Ohren, die ich kannte: an Elsies Ohren. Den ganzen Tag beobachtete ich, wie die Bäumchen bei jeder kleinen Kopfbewegung hin und her schaukelten.

Langsam beruhigte ich mich und kam auf andere Gedanken. Wenn ich schon Onkel Anton nicht überreden konnte, Weihnachten bei uns zu verbringen, dann konnte ich wenigstens Elsie ansprechen. Also vermutlich. Immerhin hatte sie auch schon einmal mit mir geredet. Und ich hatte ihr Handy gerettet.

Den ganzen Vormittag überlegte ich, wie ich ein Gespräch mit Elsie anfangen könnte.

„Schöne Ohrringe", fiel mir ein. Aber das konnte ich nicht sagen, denn besonders schön waren die Bäumchen nicht.

„Interessant" waren die Ohrringe, nachdem ich sie so lange angeschaut hatte, auch nicht mehr.

Aber etwas fiel mir zum Glück dann doch ein. Als wir unsere Schulsachen zusammenpackten, gab ich mir einen Ruck, ging zu Elsie und sagte: „Coole Ohrringe!"

Ob Signore Montesanto das Kompliment gut gefunden hätte, bezweifelte ich, aber immerhin: Ich hatte mich getraut und Elsie angesprochen. Meine Wangen glühten. Ich hoffte stark, nur innerlich.

Doch bevor sich ein Gespräch entwickeln konnte („Wo hast du die gekauft?" – „Im Einkaufszentrum." – „Nein, wirklich?!"), unterbrach uns Maximus und klaute mein Kompliment: „Die finde ich auch cool!"

„Danke", sagte Elsie und lächelte uns an. Und ich konnte nicht einmal sagen, ob sie mich zuerst angelächelt hatte, oder ob sie erst gelächelt hatte, als Maximus kam. Jetzt jedenfalls schien es mir, als würde sie Maximus länger anschauen als mich.

Und in dem Moment hasste ich Maximus mehr als jemals zuvor. Ich hasste ihn dafür, dass er mir alles kaputt machte – Weihnachten und mein Kompliment. Ich hasste Papa, weil er nur mehr auf der Couch herumlag wie ein alter Sofabezug. Ich hasste sogar Mama, weil sie nicht alles wieder in Ordnung bringen konnte. Ich hasste Onkel Anton, weil er nichts kapierte. Aber am allermeisten hasste ich mich selber.

Mama würde erst viel später vom Büro nach Hause kommen, ich hatte also Zeit und ging zum einzigen Menschen, den ich gerade nicht hasste. Ich fand Signore Montesanto ganz oben im Stiegenhaus.

Mit einem großen Schlüssel machte er sich an der Metalltür zu schaffen, die auf den Dachboden führte. Ich hatte sie noch nie offen gesehen und war neugierig.

„Darf ich mitkommen?", fragte ich.

Der Signore zuckte zusammen und sah aus, als hätte ich ihn bei etwas Verbotenem erwischt. „Oh, hallo Henri, ich habe dich nicht gehört." Er drehte sich zu mir um und versuchte, den Schlüssel in seinen Händen zu verstecken.

„Darf ich mitkommen?", wiederholte ich. „Ich war noch nie auf dem Dachboden."

Signore Montesanto holte tief Luft und setzte dieses strenge Gesicht auf, das Erwachsene immer haben, wenn sie sagen wollen „Jetzt nicht!" oder „Das ist nichts für Kinder!" oder „Lassen wir das!" oder „Keine Diskussionen!"

„Bitte", sagte ich leise.

Der Signore seufzte. Er sah mich an und sah durch mich durch, als würde er an etwas denken, das lange in der Vergangenheit oder sehr weit weg lag. Dann lächelte er, streckte mir eine Hand entgegen und sagte: „Komm!"

Hand in Hand stiegen wir über die hohe Schwelle, der Signore musste sich bücken. Und dann sah ich Signore Montesantos Geheimnis. Der Dachboden war ein Dachboden, aber er war noch viel mehr. Auf den ersten Blick sah ich nur einen leeren Raum, der nichts enthielt als ein paar alte Bretter und Ziegel. Es war kalt und zugig. Aber in einer Ecke stand eine alte Holztür offen, dahinter wartete warmes Licht, und dahin führte mich der Signore.

Wir betraten einen Raum, der etwa doppelt so groß war wie das Wohnzimmer des Signore. In der Mitte stand ein kleiner, alter, gusseiserner Ofen, der angenehme Wärme verbreitete. Um den Ofen standen drei altmodisch gemusterte Ohrensessel. Da war auch ein alter Tisch mit einer Zeitung darauf, eine schummrig leuchtende Lampe, weiter hinten ein Schrank und ein paar Regale.

Alles war ordentlich und heimelig und machte den Eindruck, als würde jemand hier wohnen, oder wenigstens, als würden ein paar Kinder spielen, dass sie hier wohnten.

Der Signore hockte sich zum Ofen, warf ein paar Kohlestücke hinein und blies ins Feuer.

„Ist das Ihr Geheimagentenversteck?", fragte ich ehrfürchtig. Der Staub tanzte im rötlichen Licht, der Schnee lag dick auf den Dachflächenfenstern und ich fühlte mich, als wäre an diesem Ort die Zeit stehen geblieben, als gäbe es nichts und niemanden mehr auf der ganzen Welt, nur den Signore und mich.

„Sozusagen", gab er zu. „Aber es wäre nicht gut, wenn du deinen Eltern …"

„Keiner erfährt davon, Ehrenwort!", schwor ich mit der Hand auf der Brust.

„Das Souterrain ist in Ordnung", sagte der Signore, „aber es ist dunkel und all die Leute über mir mit ihren Problemen …", er schüttelte den Kopf. „Das drückt manchmal von oben herunter bis in mein Bett, weißt du. Dann komme ich hierher. Hier kann ich besser denken."

Ich nickte. Hier oben konnte nichts und niemand einen drücken, das spürte ich.

„Schau", er führte mich zu ein paar Kisten, die unter einem Fenster so gestapelt waren, dass sie eine Treppe bildeten. Wir kletterten hinauf und der Signore kippte die Scheibe. Sofort strömte kalte Luft herein und ein Batzen Schnee fiel uns entgegen, aber der Ofen wärmte meinen Rücken. Ich schaute auf die Straße unter uns und über die umliegenden Häuser, die fast alle niedriger waren. Das war mir bisher nie aufgefallen. Ein paar Tauben flogen vorbei, ich konnte den Himmel sehen und die Hügel an der Stadtgrenze.

Der Signore stand neben mir, blickte ebenfalls hinaus und atmete tief ein. „Manchmal komme ich hierher, um den Himmel zu riechen." Er wirkte noch immer verlegen.

„Es ist wunderschön", flüsterte ich.

Der Signore schloss das Fenster und räusperte sich. „Nun, wenn du schon einmal da bist, kannst du mir auch gleich helfen."

Er setzte sich zu dem Tischchen vor dem Ofen und reichte mir eine durchgewetzte, aber warme Wolldecke. „Damit dir nicht kalt wird", brummte er.

Ich nahm die Decke dankbar an und wickelte sie mir um die Schultern. Dann sah ich dem Signore aufmerksam zu. Er schob die Zeitung beiseite und kippte den Inhalt eines alten, ledernen Reisekoffers auf den Tisch. Briefe und Zeitungen, Fotos, ein Schmuckkästchen, ein Pullover und alles mögliche andere Zeug fielen heraus, purzelten durcheinander, bedeckten den Tisch und den umliegenden Boden.

„Was wollen Sie damit?", fragte ich eifrig.

„Es muss sortiert werden. Einiges", er hob den Pullover mit spitzen Fingern auf und ich sah, dass er von Motten zerfressen war, „muss ganz weg."

„Was ist das alles?"

„Andenken", sagte der Signore und ich spürte zum ersten Mal, dass der unerschütterliche Signore Montesanto auch traurig sein konnte. „Die Briefe kommen auf zwei Stapel – die von mir und … und die anderen. Die Zeitungen und das andere Papier auf einen dritten Stapel, der Rest auf den Boden."

Mehr wollte er nicht sagen und mir war es recht. Ich begann das Papier zu sortieren, das meiste davon waren Briefe. Nur einige wenige waren in der schwungvollen Schrift von Signore Montesanto verfasst. Sie waren lose oder steckten in Kuverts ohne Marke – sie waren nie abgeschickt worden. Die anderen steckten allesamt in kleinen, blauen Kuverts aus einem dicken, geriffelten Papier. Das war sicher teuer gewesen. Sie waren mit einer ordentlichen, runden Handschrift adressiert und der Signore seufzte tief, wenn er einen von ihnen in die Hand nahm.

„Es ist gut, dass du mitgekommen bist", sagte er nach einer Weile und klopfte mir aufs Knie. „Wenn man sich solchen Erinnerungen alleine stellt, verschlingen sie einen."

„Sie waren auch einmal verliebt", stellte ich fest. Denn dass die Briefe von einer Frau stammten, genauso wie das Schmuckkästchen, war klar.

„Einmal, ja."

„Wollen Sie mir von ihr erzählen?"

Der Signore sah mich erstaunt an. „Warum nicht?!" Er lächelte und ich war froh, dass er es noch konnte. „Was willst du wissen?"

„Warum Sie so traurig sind."

Er lachte. „Henri! Immer gleich zum Herz der Sache! Also gut. Allein ist man immer im Leben. Das ist nicht schlimm. Aber wenn man jemanden liebt und diesen Menschen verliert … dann ist man allein gelassen. Und das, Henri, ist etwas ganz anderes."

„Ich weiß", nickte ich.

„Alles sieht so aus wie immer, aber es schmeckt wie Asche im Mund."

„Wie Staub", stimmte ich zu.

„Nicola", fuhr der Signore fort, „sagte immer zu mir: ‚Du bist die Liebe meines Lebens.' Aber wir waren noch so jung! ‚Was heißt das schon?', dachte ich mir. Und eines Tages ging sie weg, nach Italien. Man hatte ihr an der Universität einen Posten angeboten. Das war etwas Besonderes für die damalige Zeit, das musste sie annehmen."

„Und Sie?"

„Ich ging nicht mit."

„Warum nicht?" rief ich.

„Ja, warum nicht?" Der Signore seufzte. „Ich könnte dir viele Ausreden erzählen, gute und schlechte. Aber die Wahrheit ist: Ich hatte Angst."

„Wovor?"

Er zuckte mit den Schultern. „Vor nichts und vor allem. Die Angst findet sich immer einen Grund. Ich hatte wohl am meisten Angst davor, dass Nicola mich irgendwann nicht mehr lieben würde." Er schwieg eine Weile. „Als ich endlich bereit war, ihr zu folgen, hatte sie einen anderen geheiratet."

„Das ging aber schnell!"

Der Signore schüttelte bedauernd den Kopf: „Man könnte auch sagen, dass ich zu viel Zeit mit Fürchten vertan habe. Inzwischen bin ich aber alt genug", er zwinkerte, „um sicher sagen zu können: Sie war und ist die Liebe meines Lebens."

Er seufzte. Dann raffte er sich auf. „Und dieses Zeug", er deutete auf die Briefe, „muss einen neuen Platz finden. Ich brauche den Koffer. Schließlich will ich ihr das irgendwann persönlich sagen – und zwar bevor einer von uns unter der Erde ist!" Er klang bestimmt.

„Was? Wie? Wo?"

„In Italien natürlich, wo sonst?" Er strich liebevoll über die Briefe und räumte sie dann in einen Kasten. Den Pullover samt Motten und Löchern stopfte er in den Ofen, wo das Feuer beleidigt spuckte.

Ein flaues Gefühl breitete sich in meinem Magen aus.

„Sie fahren nach Italien?" Das war mir nicht recht. „Aber doch nicht zu Weihnachten, oder?", piepste ich.

Er sah mich nachdenklich an. Dann kam er zu mir, wickelte die Decke enger um meine Schultern und strich mir über den Kopf. „Nicht zu Weihnachten", sagte er fest. Und er sagte es so feierlich, dass ich wusste: Das war ein Versprechen. Eines mit doppeltem und dreifachem Ehrenwort, ohne überkreuzte Finger hinter dem Rücken. Das war endlich einmal etwas, auf das ich mich verlassen konnte!

„Ich fahre erst, wenn der Frühling kommt."

Ich lehnte mich erleichtert zurück.

„Und jetzt", sagte er, „gehen wir wieder hinunter in die richtige Welt, ich muss noch den Gehsteig vorm Haus freischaufeln!"

Da ich nichts anderes zu tun hatte, folgte ich dem Signore auf die Straße und half ihm beim Schneeschaufeln. Eine Weile werkelten wir schweigend vor uns hin.

Dann brummte er: „Willst du wissen, wie ich Nicola kennengelernt habe?" Sein Atem dampfte in der kalten Luft.

Ich nickte.

„Es war auf dem Dach eines Moskauer Theaters", sagte er. „Nicola war eine bekannte Kernphysikerin und wollte ihr Heimatland verlassen. So etwas war damals nicht gern gesehen, sie wusste zu viel. Boris und seine Leute waren ihr dicht auf den Fersen und jagten sie durch das Theater. Sie machten einen Höllenlärm – und das während der Vorstellung!" Der Signore schüttelte missbilligend den Kopf.

„Am Ende kletterte Nicola durch ein schmales Toilettenfenster aufs Dach. Zu eng für Boris, aber er fand einen anderen Weg nach oben.

Ich selbst sah Nicola das erste Mal auf dem Dach dieses Theaters, nachdem sie durchs Klofenster geklettert war. Sie trug ein nachtblaues Abendkleid und lief um ihr Leben, denn ein-, zweihundert Meter hinter ihr schnaufte Boris heran wie ein Panzer. Er war schnell, viel schneller als sie. Als sie mich erreichte, griff sie nach meiner Hand und keuchte: ‚Ich kann nicht schneller laufen! Er hat uns gleich!'"

Ich hielt den Atem an, aber der Signore sprach erst weiter, nachdem er die nächste Schippe Schnee geschaufelt hatte.

„‚Signora Nicola', sagte ich, ‚es gibt immer einen Weg.' Dann half ich ihr, die Stöckelschuhe auszuziehen, und du kannst dir vorstellen, dass sie danach viel schneller laufen konnte. Es ist erstaunlich", sagte der Signore nachdenklich, „wie die gescheitesten Menschen oft das Naheliegendste übersehen."

„Und dann sind Sie entkommen?"

„Dann sind wir entkommen."

Während sich der Signore Schnee aus dem Anzug schüttelte und ich noch darüber nachdachte, wie manchmal eine winzige Kleinigkeit alles zum Guten verändern kann, passierte etwas, mit dem ich nicht gerechnet hatte. Jemand tippte mir auf die Schulter.

„Überraschung!", grinste Maximus. Ich fuhr zusammen, aber dann sah ich, dass Onkel Anton hinter ihm stand.

„Hallo Henri, wir waren gerade in der Nähe und da hab ich mir gedacht, wir schauen schnell bei euch vorbei", erklärte Onkel Anton. „Dann kann ich dir gleich sagen, was Carola und ich uns überlegt haben." Er freute sich ganz offensichtlich, dass er mir etwas Gutes zu berichten hatte.

Ich schaute kurz zu Maximus. Der sah plötzlich aus, als hätte er in eine Zitrone gebissen.

„Die Flüge nach Hawaii sind einfach zu teuer so kurzfristig", plapperte Onkel Anton weiter. „Aber die Idee wegzufahren hat uns sehr gefallen. Daher haben wir uns für einen Mittelweg entschlossen: Carola und ich machen einen schönen, romantischen Weihnachts-Kurzurlaub in der Therme und Maxi wird Weihnachten bei euch feiern – ihr seid ja gut befreundet, nicht?" Das war keine Frage, sondern eine Feststellung. „Und im Gegenzug laden Carola und ich euch danach einmal zum Essen ein – in Ordnung?" Onkel Anton erwartete freudige Zustimmung und verstand nicht, warum ich ihn nur entsetzt anstarrte.

„Nun", räumte Onkel Anton ein, „Carola war nicht ganz glücklich darüber, ohne Maxi zu fahren, aber ich konnte so kurzfristig nur mehr ein Zimmer für zwei bekommen. Drei Tage und zwei Nächte im Fünf-Stern-Hotel vom 23. bis 25. Dezember – mein Weihnachtsgeschenk für Carola."

„Überraschung!", wiederholte Maximus, aber diesmal klang es ziemlich deprimiert.

„Ach", sagte Onkel Anton mit gekünstelt guter Laune, „Weihnachten ist auch nur ein Tag. Wir werden einfach später feiern. Dann gibt es sogar zwei Mal Weihnachten und eine doppelte Bescherung."

In meinen Ohren rauschte es. Ich kam noch nicht ganz mit. Erst als Maximus mich bitterböse anrempelte, wurde mir bewusst, was das bedeutete: Drei Tage Maximus. „Das überleb ich nicht", murmelte ich.

„Dafür sorge ich", zischte Maximus.

Ob aus Überraschung oder Absicht, jedenfalls kippte in genau dem Moment der Signore eine Ladung Schnee über Onkel Antons und Maximus' Füße.

Maximus sah jetzt nicht mehr mich, sondern den Signore an, als würde er ihn am liebsten in seine Einzelteile zerlegen.

„Passen Sie doch auf, Mann!", keuchte Onkel Anton. Auch er war sauer.

„Oh, ich bitte um Entschuldigung", rief der Signore.

„Wer ist der Idiot?", wollte Onkel Anton von mir wissen. „Der Hausmeister?"

„Ja, nur der Hausmeister", brummte der Signore, stützte sich auf seine Schaufel und schaute Onkel Anton fest in die Augen.

Der wollte etwas erwidern, aber in dem Moment klingelte sein Handy. Nach einem kurzen Gespräch sagte er zu Maximus: „Carola ist schon zu Hause – wir gehen!" Und in meine Richtung: „Deine Mutter rufe ich später an wegen Weihnachten!" Und damit marschierte Onkel Anton los, ohne sich zu verabschieden.

Maximus warf mir noch einen letzten bösen Blick zu und trottete dann hinterher.

„Was mach ich jetzt nur?", fragte ich, als sie verschwunden waren.

„Die Stöckelschuhe ausziehen, was sonst!", murrte der Signore. „Lass dir was einfallen, mein Junge – das kannst du doch am besten!"

Noch 8 Tage

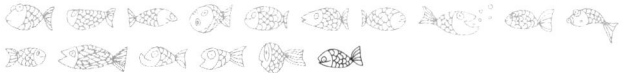

Dieser Meinung waren offenbar alle. „Lass dir eben etwas einfallen!", brüllte Maximus quer durch die Turnsaalgarderobe. Es roch nach Schweißfüßen und Kakao. Maximus hatte vor Wut eine Kakaopackung zertreten.

„Ist das Ganze meine Schuld?", trotzte ich.

„Na, von irgendwem muss dein dämlicher Onkel ja diese dämliche Idee haben", ätzte Leon und versuchte über die Kakaopfütze am Boden zu hüpfen. Er schaffte es nicht ganz, machte seine Socken nass und fluchte.

„Ich will nach Hawaii!" Maximus klang wie ein bissiger Köter.

Maximus' Rumgeheule wäre mir ziemlich egal gewesen. Aber drei Tage mit ihm waren mir nicht egal, ganz und gar nicht. Das war einfach keine Lösung.

„Meine Mutter könnte Onkel Anton sagen, dass du nicht kommen darfst", schlug ich vorsichtig vor. „Wir könnten behaupten, dass du das letzte Mal den Fernseher kaputt gemacht hast oder etwas in der Art ..."

„Und wohin karren sie mich dann? In die Ikea-Kinderbetreuung? Vergiss es!" Maximus' Stimme wurde leise und drohend: „Du sorgst dafür, dass dein bescheuerter Onkel nicht allein mit meiner Mutter wegfährt, oder ..."

Bevor er seine Drohung beenden konnte, witterte ich meine große Chance: „Ich mache es, wenn du dafür etwas für mich machst."

Maximus schaute erstaunt und etwas misstrauisch. „Du schlägst mir einen Deal vor?"

„Ja, einen Deal."

„Sag mir erst, was du dafür willst."

„Nicht, solange Leon dabei ist." Diesen Querulanten konnte ich diesmal echt nicht brauchen.

„Leon? Was meinst du?"

Leon kochte innerlich, das konnte ich sehen. „Mach ruhig", sagte er aalglatt zu Maximus. Und zu mir flüsterte er: „Das schaffst du nie." Leon trollte sich, bis er gerade außer Hörweite war. Aber er ließ uns nicht aus den Augen, während er sich mit gerümpfter Nase seine kakaobraunen, nassen Socken auszog.

Als ich Maximus sagte, was ich von ihm wollte, lachte er laut auf. „Hatten wir das nicht schon geklärt? Ich will nicht, dass wir alle bei deiner bescheuerten Familie Weihnachten feiern. Ich will nach Hawaii."

„Und ich will, dass Onkel Anton Weihnachten bei uns verbringt", stellte ich klar.

„Das macht er nicht ohne meine Mutter."

„Ich weiß."

„Und meine Mutter kommt nicht ohne mich."

„Ich weiß."

Maximus kaute nachdenklich auf seiner Lippe. „Und im Gegenzug sorgst du dafür, dass meine Mutter nicht mit deinem Onkel wegfährt?" Er malte mit seinem Turnschuh Muster in den Kakao. Ich nickte.

„Und wie willst du das machen?"

Dieser Punkt machte mir auch Sorgen. Aber das durfte ich jetzt nicht zeigen. „Ich weiß es noch nicht, aber wenn ich einen Plan habe, musst du machen, was ich sage."

Das gefiel Maximus nicht: „Vergiss es."

„Was?"

„Vergiss es, ich mach nicht mit. Jetzt wo ich weiß, dass du deinen Onkel zu Weihnachten unbedingt hier haben willst, muss ich doch nur warten. Du wirst so oder so verhindern, dass er mit meiner Mutter wegfährt."

Ich setzte alles auf eine Karte. „Das werde ich nicht."

„Wirst du doch."

Ich versuchte mein bestes Pokerface, obwohl ich merkte, wie meine Hände zitterten: „Willst du es riskieren?"

Maximus sah mich prüfend an. „Nein", gab er zu. „Wir machen den Deal. Aber du musst schon ein bisschen mehr für mich tun."

„Was?", fragte ich und merkte plötzlich, dass ich müde war. „Was willst du noch?"

Maximus senkte seine Stimme, sodass ich ihn kaum noch hören konnte. „Elsie. Du hast mit ihr geredet."

Ich schluckte. Ob man das „reden" nennen konnte?

„Ja?", fragte ich vorsichtig.

„Du hast einen Draht zu Mädchen", arbeitete Maximus sich weiter vor.

Ich war überrascht.

„Mit der Marie redest du ja auch dauernd", stellte er fest. „Also: Du sorgst dafür, dass ich Elsie küssen kann, und dann haben wir einen Deal."

Ich keuchte. Das war hart.

„Ich weiß nicht, ob ich das schaffe", gab ich zu.

„Das schaffst du schon!" Maximus war plötzlich ganz vertrauensvoll.

„Und wie weiß ich, dass du Wort hältst?"

Als der Turnlehrer in seine Pfeife blies und die anderen fürs

Zirkeltraining aufwärmten, hatten wir uns auf einen schriftlichen Vertrag geeinigt. Maximus schrieb:

Wenn Henri
1. dafür sorgt, dass meine Mutter zu Weihnachten nicht in die Therme abhaut (nur weil sein Onkel, der Idiot, das will), und
2. außerdem dafür sorgt, dass ich Elsie küssen kann, werde ich Weihnachten bei Henri feiern. Das schwöre ich auf meine Ehre.

Unterzeichnet: *Maximilian Kaiser*
Jeder, der sich nicht an diese Vereinbarung hält, ist dreimal verflucht!

Maximus nickte zufrieden.

„Warum willst du eigentlich unbedingt den Anton zu Weihnachten bei euch haben?", fragte er mich, als wir in den Turnsaal liefen. Ich hatte mich schon gewundert, wann er fragen würde.

„Das ist meine Sache."

Das hätte ich nicht sagen sollen, denn jetzt war Maximus erst richtig neugierig geworden.

Was zum Teufel hatte ich mir dabei gedacht, einen Deal mit Maximus zu machen? Wie um Himmels Willen sollte ich meinen Teil der Abmachung erfüllen? Wie sollte ich Onkel Anton, der einen Urlaub gebucht hatte, zum Bleiben bewegen? Wie sollte ich dafür sorgen, dass Maximus Elsie küssen konnte? Sie zusammen in den Turnsaal zu sperren war vermutlich nicht das, was

Maximus vorschwebte. Da musste mir schon etwas Besseres einfallen. Und wollte ich überhaupt, dass Maximus Elsie küsst? Das wollte ich doch selber tun, wenn ich ehrlich war … Musste immer alles so kompliziert sein?

Ich saß auf dem Gang zum Biologiesaal, weil das in der großen Pause der ruhigste Ort war, den ich kannte, und seufzte.

Ich merkte erst, dass die Pechmarie da war, als sie sagte: „Das ist mein Platz."

„Entschuldigung." Ich machte Anstalten aufzustehen, da setzte sie sich neben mich.

„Schon in Ordnung."

Sie bot mir einen Kaugummi an.

„Danke", sagte ich. „Die …" Ich hatte sagen wollen, ‚die Punkte sieht man gar nicht mehr', aber dann überlegte ich es mir anders. „Dein Gesicht ist wieder so hübsch wie immer", sagte ich.

Die Pechmarie wurde rosa und schaute angestrengt auf den Boden. Aber ich sah, dass sie lächelte.

„Ich weiß ja nicht, was da gerade mit dir und Maximilian läuft, aber ich finde, du hast das nicht nötig." Marie schüttelte ärgerlich ihren Kopf.

Ich zuckte mit den Schultern und sagte nichts.

„Ich mein ja nur, das kann blöd ausgehen."

Als ob ich das nicht wüsste.

„Ich wollte auch mal unbedingt dazugehören."

Marie sah mir an, dass ich nichts verstand, und erklärte: „Die anderen Mädchen machen alle, was Elsie macht. Ich wollte das auch. Es hat nicht funktioniert."

Ich hüstelte und hoffte, dass es verständnisvoll klang.

Marie starrte wieder auf den Boden, als gäbe es dort etwas wahnsinnig Faszinierendes zu sehen, dann sagte sie: „Ich mag dich auch so." Jetzt war ihr Gesicht nicht rosa, sondern rot, und mit rotem Kopf sah sie nicht so gut aus.

Ich wusste nicht, was ich darauf sagen sollte, also schaute ich auch den Fußboden an. Er war braungrau gefleckt, nein, gesprenkelt – mit roten, nein braunen Punkten. Fast hätte ich verpasst, dass Marie aufsprang und weglief.

„Marie, warte!"

Sie drehte sich um. Was sollte ich jetzt sagen? Mein Kopf war auf einmal seltsam leer. Sie wartete kurz, aber sichtlich ungern.

„Übrigens", sagte sie schließlich, als nichts von mir kam, „ich bin komplett gesund. Hat die Schulärztin bestätigt."

Ich wollte „Oh, super!" erwidern, da machte es bei mir plötzlich *Pling*. Ich strahlte Marie an: „Danke, du hast mir gerade total geholfen!"

Marie schaute verwirrt, aber ich hatte jetzt keine Zeit mehr für sie. Ich lief los. Ich wusste wieder, was zu tun war.

Ich fand Maximus in der Turnsaalgarderobe, wo er mit Florian und Leon den Kakao vom Boden wischte. „Der Wurzinger hat uns verdonnert", seufzte Florian.

„Hättest du deinen Kakao in der Klasse gelassen, hätte ich ihn nicht zertreten", schimpfte Maximus.

„Wir müssen reden", sagte ich zu Maximus und das kam ihm gerade recht.

„Leon, Florian – lasst mich allein. Ich muss mit Henri reden." Ich sah noch, wie Leon halbherzig ein letztes Mal über den Boden wischte, den kakaogetränkten Lappen in den Mistkübel pfefferte und zusammen mit Florian hinausging. Da zog mich Maximus schon zur Seite und deutete mir, mit der Sprache herauszurücken. Ich erklärte ihm leise, wie ich den ersten Teil unserer Abmachung erfüllen wollte.

„Jetzt bist du völlig übergeschnappt!", rief er und wischte meine Idee beiseite wie eine lästige Fliege.

Ich hatte gewusst, dass es schwierig sein würde, ihn von meinem Plan zu überzeugen.

„Du hast gesagt, du wirst machen, was ich dir sage", erinnerte ich ihn.

„Einen Scheiß hab ich", bockte er. „Du bist ja verrückt. Von allen deinen verrückten Ideen ist das die verrückteste."

„Aber bisher haben alle meine verrückten Ideen funktioniert", warf ich ein.

„Wenn du so gescheit bist, dann lass dir doch etwas anderes einfallen."

„Etwas anderes wird nicht funktionieren."

„Das sagst du. Wir haben ja noch nichts anderes probiert."

„Uns läuft die Zeit davon!"

„Und deshalb soll ich mein Leben aufs Spiel setzen?", rief Maximus entrüstet.

Ich seufzte. Ich musste wohl andere Geschütze auffahren. „Na ja, wenn du zu feig bist ...", sagte ich laut und zog das „feig" extra in die Länge.

„Ich und feig?", rief Maximus. Ich wunderte mich ein bisschen, wie leicht man bei ihm mit so einem plumpen Gerede durchkam. Jetzt brauchte ich nur noch zu warten.

„Ich bin nicht feig", maulte er. Er ging in der Garderobe auf und ab und umkreiste gedanklich meine Idee und mit den Füßen die Überreste der Kakaopfütze. „Ich muss also krank werden?"

Ich nickte.

„Wenn ich krank bin, kann meine Mutter mich unmöglich alleine lassen?"

Ich nickte wieder.

„Ich könnte doch nur so tun, als ob ich krank wäre?"

Ich schüttelte den Kopf. „Das habe ich dir schon erklärt: Eine Schulärztin für fünf Minuten an der Nase herumzuführen ist schwierig, aber eine Mutter für einige Tage auszutricksen ist unmöglich!"

„Und wenn ich ... wenn ich huste?"

„Würde deine Mutter dableiben, wenn du hustest?", fragte ich.

„Nein." Es klang trotzig.

„Wenn du Schnupfen hast?"

„Nein." Er trat gegen den Mistkübel. „Schon gut, du hast Recht. Ich muss mir richtig was holen, damit Mama ihren Urlaub storniert."

Ich nickte und konnte mir das Grinsen diesmal nicht verkneifen.

„Und wo bekommt man so eine Krankheit her?", wollte Leon wissen. Ich hatte gar nicht bemerkt, dass er zurückgekommen war. Wie viel hatte er gehört? „Aus dem Supermarkt ja wohl kaum!"

„Nein, das geht viel einfacher", sagte ich und vereinbarte mit Maximus ein Treffen noch für denselben Nachmittag.

Das Wartezimmer von Dr. Vollgruber, dem beliebtesten Kinderarzt in unserem Bezirk, war überlaufen – wie immer.

„Wunderbar", ich rieb mir die Hände. Ich hatte eine große Rolle Smarties, eine Riesenpackung Taschentücher, verschließbare Plastikgefrierbeutel und einen Notizblock mitgebracht.

„Entschuldigen Sie", erklärte ich der Sprechstundenhilfe, „wir sollen für ein Biologie-Projekt untersuchen, mit welchen

Beschwerden die meisten Kinder zum Arzt gehen. Dürfen wir bitte hier eine Befragung durchführen?" Sie hatte nichts dagegen.

„Solange ihr die Leute nicht stört", sagte sie und beugte sich sofort wieder über ihren Computer.

Bei den ersten Versuchen waren Maximus und ich noch recht ungeschickt, aber wir entwickelten schnell eine Routine. Ich erzählte etwas vom Biologieunterricht und von unserer wahnsinnig wichtigen Untersuchung. Dann fragte ich die Eltern, was ihren Kindern denn fehlte. Tim zum Beispiel, erklärte seine Mama, hatte seit drei Tagen fürchterlich Halsweh.

Wir baten Tim, in eines unserer mitgebrachten Taschentücher zu schnäuzen. „Das wollen wir im Biologielabor auf Keime untersuchen", behauptete ich, und nicht ein einziger Papa, nicht eine einzige Mama fragte nach, wie wir die Bakterien aus dem Rotz holen wollten. Alle waren viel zu beschäftigt damit, uns zu erzählen, warum sie da waren und welche Hausmittel (Salbeitee und Essigwickel oder Zwiebelauflagen und Essigpatscherl) sie nicht schon alle versucht hatten (vergebens).

Die meisten Kinder waren wirklich ziemlich krank und auch nicht zum Fragenstellen aufgelegt. Sie schnäuzten brav in ein Taschentuch und steckten es dann in einen unserer mitgebrachten Plastikgefrierbeutel, weil sie danach Smarties von uns bekamen. Auch der kleine Tim, der seine Suppe zu Mittag nicht angerührt hatte, wollte Smarties. Jeder wollte Smarties. Manche kamen sogar zwei oder drei Mal und saugten sich den letzten Rotz aus der Nase oder spuckten heimlich ins Taschentuch. Das machte Maximus nervös.

„Henri, der da drüben – was hat der? Der sieht übel aus."

„Bauchweh und Fieber, wahrscheinlich auch Durchfall", improvisierte ich. Langsam machte mir die Sache richtig Spaß.

Maximus trippelte nervös auf und ab. „Ah. Und der da, der kaum stehen kann? Was hat der Kleine?"

„Der sich die Ohren hält?"

„Hm, ja der."

„Mittelohrentzündung. Sein Papa sagt, aus dem Ohr kommt Eiter."

Maximus sah aus, als wäre ihm schon recht übel.

„Henri", zischte er.

„Was?"

„Welches Taschentuch hat das Mädchen da hinten bei dir abgegeben? Tu das weg, tu es um Himmels willen weg!", flüsterte er hysterisch.

„Ich weiß nicht genau, ich glaube dieses Taschentuch ist von ihr. Oder doch das andere?"

Ich genoss es, Maximus zappeln zu sehen. „Warum ist das so wichtig?"

„Sie hat Punkte. Sie hat überall Punkte. Das ist was Ansteckendes, Henri!"

„Deshalb sind wir hier", erinnerte ich ihn.

Aber Punkte wollte er nicht, da war Maximus eisern. Ich sortierte ein Taschentuch aus, um ihn zu beruhigen.

Dann ließ ich noch ein paar Kinder mit tropfenden Nasen ihre Finger tief in die Smarties-Rolle stecken und bedankte mich bei der Sprechstundenhilfe. Es war Zeit zu gehen, Maximus bekam schon vom bloßen Hiersein Schweißausbrüche.

„Ich glaube, das reicht", sagte ich. „Ich gehe mir ordentlich die Hände waschen und du schüttelst allen zum Abschied die Hand. Allen – auch den Eltern! Draußen treffen wir uns."

Als Maximus aus der Ordination kam, lehnte er sich gegen die Wand. „Wie geht es jetzt weiter?", keuchte er.

„Jetzt", ich reichte ihm die Sackerln mit den angeschnäuzten Taschentüchern, „putzt du dir am besten mal gründlich die Nase."

Er zitterte, als er die Keimschleudern entgegennahm, aber er kniff nicht. Er öffnete brav einen Plastikbeutel nach dem anderen und rieb sich die Nase mit unseren Testtaschentüchern. Dann ließ ich ihn die restlichen Smarties essen und verschwieg, dass inzwischen mindestens so viele Keime in der Rolle waren wie in den Taschentüchern. Als ich sah, wie er sich nichts ahnend die Finger abschleckte, war ich ziemlich sicher, dass wir Erfolg haben würden.

„Und jetzt? Was machen wir jetzt?" Es war erstaunlich, wie hilflos Maximus plötzlich wirkte.

„Jetzt gehst du jeden Nachmittag Rad fahren oder laufen oder machst sonst was Idiotisches. Anstrengend muss es sein", wies ich ihn an. „Und dass du dich ja nicht warm anziehst, nicht, dass dann alles womöglich umsonst war!", warnte ich.

Maximus nickte mit hängendem Kopf und wandte sich zum Gehen.

„Danke", sagte er und das war von allem wahrscheinlich das Seltsamste, was an diesem Tag passiert war.

Noch 6 Tage

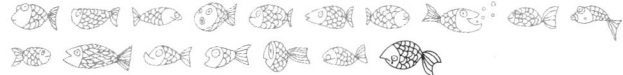

In den folgenden zwei Tagen wusch ich mir sicher mindestens vierzig Mal die Hände und aß mehr Obst als sonst in drei Jahren. Maximus sah die ganze Zeit über gar nicht gut aus, Leon und ich mussten alle paar Stunden seine Stirn fühlen.

Jedes Mal, wenn ein Staubkorn ihn zum Niesen brachte, rief er halb erfreut und halb besorgt: „Ich habe die Grippe!"

Nur vor einer Mittelohrentzündung fürchtete er sich wirklich. „Ich will auf keinen Fall, dass mein Trommelfell aufgeschnitten wird, knurrte er.

„Keiner schneidet irgendwas auf", sagte ich dann, viel ruhiger, als ich mich fühlte. Maximus' Nervosität war ansteckend und ich trank – sicher ist sicher – eine ganze Flasche Hustensaft.

Als Maximus tatsächlich krank wurde, merkten wir es alle sofort. Er stand mitten im Unterricht auf und lief hinaus. Als er nach einer Viertelstunde wiederkam, war er auffällig blass. Er winkte mir zusammengekrümmt, aber auch erleichtert zu, als er seine Schulsachen zusammenpackte.

„Meine Mutter holt mich ab." Ich hatte noch nie so einen glücklichen Kranken gesehen.

Weil Maximus kaum gerade stehen konnte, sollte ich ihn zum Schuleingang begleiten.

„Was ist es geworden?", fragte ich, auch aus wissenschaftlichem Interesse, während ich seinen Rucksack schleppte.

„Darmgrippe", antwortete er.

„Verdammt", ärgerte ich mich, „das kann zu schnell wieder besser werden. Pass bloß auf, dass du nicht gleich wieder gesund wirst! Weihnachten ist erst in sechs Tagen ...", erinnerte ich ihn.

„Ich kann ja zur Sicherheit noch einmal nachlegen", meinte er unsicher. „Ich habe die Taschentücher noch."

„Gut", ich nickte. „Und schlaf bei offenem Fenster – ordentlich frieren", ermahnte ich ihn, „geh auf Nummer sicher!"

Maximus sah aus, als hätte er lieber etwas anderes gehört, aber er war entschlossen und er war hart im Nehmen.

Während Maximus es sich zu Hause in seinem Bett gemütlich machte und sich von seiner Mutter bedienen ließ – so stellte ich es mir wenigstens vor –, hatte ich noch ein Problem zu lösen: Elsie. Dafür brauchte ich jede Hilfe, die ich bekommen konnte.

Signore Montesanto stand vor dem Gangfenster im dritten Stock und klebte eine Schaumstoffdichtung in den offenen Fensterrahmen. Die Dichtung war weiß und das lose Ende wand sich hin und her wie eine träge Schlange.

„Halt mal Henri – hier, dann kann ich den Klebestreifen besser abziehen."

Eine Weile arbeiteten wir schweigend.

„Ich hab da noch ein Problem", begann ich schließlich, als wir mit den ersten beiden Fenstern fertig waren.

„Du hast mehr Probleme, als der Tag Stunden hat", brummte der Signore, während er die Augen zusammenkniff und auf die Dichtung schielte.

„Nächste Woche muss ich einen Kuss mit Elsie arrangieren", erklärte ich.

Signore Montesanto pfiff durch die Zähne. „Nächste Woche schon?"

Ich nickte bedrückt. „Und ich weiß nicht, wie ich das schaffen soll. Haben Sie eine Idee?"

„Ich?", der Signore hielt erstaunt in der Arbeit inne. „Ich habe nicht die leiseste Ahnung."

Ich hatte einen Moment nicht aufgepasst und der Signore zog an seinem Ende der Schaumstoffschlange, damit ich mehr Dichtung nachgab. „Aber damit du mir hier bei der Sache bleibst, werde ich dir etwas erzählen", sagte er. „Nachdem ich Nicola aus dem Land geschmuggelt hatte, kam Boris mit zwei Kollegen, um sie zu suchen. Er wollte Nicola zurückholen und mich kaltstellen. Denn inzwischen war es eine persönliche Sache geworden zwischen uns beiden, eine Frage der Ehre, du verstehst?

Einmal hat er mich fast geschnappt. Boris war wie ein Bluthund und er hatte mich in der U-Bahn aufgespürt. Er hatte zwei Helfer vorgeschickt, die mich festhalten sollten, bis er mich persönlich in Empfang nehmen konnte. Es war Abend und es waren nicht mehr viele Leute im Waggon. Ich saß da mit einer Schachtel Schokoladepflaumen am Schoß, die ich für Nicola gekauft hatte. Die Handlanger von Boris kamen und setzten sich neben mich – einer links und einer rechts. Sie waren breit wie Schränke. Der links von mir hatte Blähungen, der rechts von mir hatte Mundgeruch, und beide rutschten immer näher. Eine sehr unangenehme Situation, wie du dir vorstellen kannst."

„Wie sind Sie entkommen?"

„Mit dem ältesten Trick der Welt." Signore Montesanto lächelte spitzbübisch. „Ich hatte Heidenangst, das kann ich dir sagen. Und zuerst wollte mir einfach nichts einfallen. Also entspannte ich mich. Mit Angst denkt es sich nämlich nicht gut."

Ich nickte.

„Es ist allerdings", fuhr Montesanto fort, „gar nicht so einfach, sich zu entspannen, wenn neben dir einer furzt und ein anderer dir Mundgeruch ins Ohr bläst. Aber ich machte es mir so gemütlich wie möglich. Entspannt, dachte ich, stirbt es sich besser."

Ich runzelte die Stirn. Das klang tatsächlich nicht nach einer guten Lösung. Der Signore sah mein Gesicht und lachte. „Meine Entführer waren genauso irritiert wie du. ‚Bist du dir sicher, dass wir den Richtigen haben?', fragte der mit den Blähungen. ‚Wenn er wüsste, wer wir sind, wäre er nicht so ruhig', sagte der mit dem Mundgeruch. Dieser klitzekleine Zweifel war alles, was ich brauchte. Die beiden rückten nicht mehr näher, und bei der nächsten Station, kurz bevor die U-Bahn-Türen wieder schlossen, sprang ich auf, schlüpfte durch den Spalt hinaus und winkte den beiden vom Bahnsteig aus zu."

Ich lächelte Montesanto zu: „Ziemlich genial!"

„Ja, ich freute mich auch", meinte er, hob aber warnend den Zeigefinger. „Allerdings viel zu früh. Denn als ich mich umdrehte und den Bahnsteig verlassen wollte, stand er vor mir: Boris."

„Was haben Sie gemacht?", ächzte ich.

„Ach, zu meinem Glück hatte Boris nicht nur Muskeln, sondern auch Stil", sagte der Signore bewundernd. Stil ist etwas, das er immer schätzt.

„Eine junge Dame spazierte gerade an Boris und mir vorbei. Sie hatte ihre Sonnenbrille wie einen Haarreifen auf den Kopf geschoben. Ich nahm die Brille, entschuldigte mich bei ihr, ‚Scusi!' – rief ‚Fang!' und warf Boris die Brille zu. Er versuchte natürlich sie zu fangen – ein ganzer Kavalier!", der Signore seufzte.

„Als er die Hände wieder frei hatte, um nach seiner Pistole zu greifen, war ich schon weg."

Lieber Papa,

heute habe ich zwei Dinge von Signore Montesanto gelernt. Erstens: Du musst etwas loslassen, damit du die Hände frei hast. Das ist klar. Zweitens: Es gibt immer einen Weg, besonders wenn es keinen Weg gibt.
Und dann hab ich noch etwas über Frauen gelernt.

Das ist interessant. Signore Montesanto sagt, dass Frauen Überraschungen sogar noch mehr lieben als Blumen und Schokolade zusammen. Er sagt, wenn man eine Spur aus Schokolade legt, dann folgt ein Mädchen der Spur nicht, um die Schokolade zu essen, sondern um herauszufinden, wohin die Spur führt. Und das ist, glaube ich, der Unterschied zwischen Männern und Frauen. Denn wenn ich an mich oder Maximus denke, dann würden wir der Schokoladespur natürlich auch folgen – aber vor allem, um die Schokolade zu essen, glaube ich. Jetzt hole ich mir Schokolade, ich muss nachdenken.

Henri

PS: Jetzt ist mir noch das Wichtigste eingefallen, was der Signore heute gesagt hat: „Der einzige Weg, mit dem Sorgenmachen aufzuhören, ist: damit aufhören!" Das ist wichtig. Denn dann kann man anfangen etwas zu tun und muss sich nicht für den Rest des Lebens vor den Dingen fürchten, die man nicht ändern kann.

Noch 5 Tage

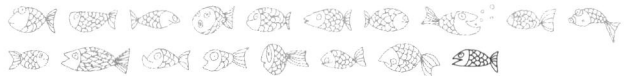

Signore Montesanto hatte mir gesagt, wo es die besten Schokoladepflaumen der Stadt gab. Ich kaufte gleich auf dem Schulweg ein Säckchen und überlegte in der Klasse, was ich auf die Karte schreiben könnte, die ich Elsie dazugeben wollte.

„Von einem Verehrer. Wenn du wissen willst, wer ich bin, komm am Montag in den Turnsaal" – zu lang und zu zwielichtig.

„Ich liebe dich. Bitte komm am Montag in der großen Pause in die Bibliothek" – zu offensichtlich.

„Du musst mir helfen. Komm am Montag in die Garderobe. Henri" – zu verzweifelt.

Am ehesten gefiel mir: „Wenn du mehr Schokolade willst, triff mich am Montag – allein! Dann erzähle ich dir außerdem ein Geheimnis."

Mein Magen grummelte. Vor lauter Aufregung hatte ich nämlich meine Jause zu Hause liegen lassen. Das einzig Essbare, das ich bei mir hatte, waren – genau: die Schokoladepflaumen. Ich zögerte kurz, doch der Hunger war größer. Es würde kaum auffallen, wenn ich eine oder zwei aß, beruhigte ich mich. ‚Ziemlich teuer, aber auch ziemlich gut', dachte ich und freute mich.

Ich grübelte noch immer, was ich auf das Kärtchen schreiben sollte, als in der Pause der Holps hereinkam. Er brachte uns die Rechentests zurück. Der Holps teilt Tests und Schularbeiten immer in der Pause aus. „Im Unterricht kann ich die Aufregung nicht brauchen", sagt er.

Wie ein Schwarm Fliegen stürzten sich alle auf die Testbögen.

„Wer auf die Schularbeit einen Fünfer und beim Test weniger als zehn Punkte erreicht hat, sollte sich Sorgen machen. Dieser Stoff ist die Basis, darauf wollen wir aufbauen. Wer das nicht versteht, wird immer größere Probleme bekommen und am Ende durchfallen."

Die Ansprache war typisch für den Holps. Immer wollte er den Leuten Angst machen. Bei den meisten funktionierte es auch.

Ich merkte: Jetzt war *die* Gelegenheit. Während sich alle um die Testbögen rauften, könnte ich die Schokolade unbemerkt in Elsies Rucksack verstecken. Schnell schrieb ich das Kärtchen und schob mich zu Elsies Tisch.

„He, was machst du da?", riefen Anna, Sophie und Nina fast gleichzeitig. Sie waren die besten Freundinnen von Elsie und hatten gesehen, wie ich mich an ihrem Rucksack zu schaffen machte.

Ich richtete mich schnell auf. „Ich? Nichts. Mir ist nur ... äh ... etwas runtergefallen ..." Ich hob zum Beweis die Schokolade hoch, das Kärtchen ließ ich in meiner Hosentasche verschwinden.

„Was ist das?" Elsie hatte ihren Testbogen schon gefunden. Sie stand so dicht neben mir, dass ich ihr Haarshampoo riechen konnte – Vanille.

„Äh ... also ...", stotterte ich und schüttelte die Schokoladepflaumen in ihrem Sackerl. „Willst du eine?"

„Warum nicht", sie zuckte mit den Schultern, nahm eine Pflaume in den Mund und spuckte sie fast sofort wieder aus. „Bäh! Ist das grauslich!" Sie sah mich an, als hätte ich ihr in Schokolade getunkte Würmer angeboten. Anna, Sophie und Nina kicherten.

Mir wurde siedend heiß. Ich hatte gedacht, Mädchen mochten jede Schokolade. Und hatte nicht auch Signore Montesanto Schokoladepflaumen für Nicola gekauft?

„T-tut mir leid", stotterte ich.

Elsie sah mich aus zusammengekniffenen Augen an, als würde sie über etwas nachdenken. „Ich muss eh mit dir reden", sagte sie dann.

Was hatte sie gerade gesagt? Mit mir? In dem Moment läutete es zur nächsten Stunde.

„In der nächsten Pause." Damit setzte sich Elsie auf ihren Platz. Ich erinnerte mich zum Glück daran, den Mund wieder zuzumachen.

Wie sich in der nächsten Pause herausstellte, war ich nicht der Einzige, der dringend etwas wollte. Ich wollte einen Kuss (um ehrlich zu sein, eigentlich zwei: einen für Maximus und einen für mich). Elsie wollte, dass ihr jemand Bruchrechnen erklärte.

Ich war zu erstaunt, um meine Chance gleich zu sehen. „Warum fragst du nicht Sophie? Die ist auch gut in Mathematik."

„Sie hat es schon versucht, aber ... sie kann nicht besonders gut erklären. Du hast sicher mehr Geduld!?" Elsie sah mich herausfordernd an.

Ich nickte zögernd. War ich geduldig? Ja, wahrscheinlich schon. Für Elsie auf alle Fälle.

Elsie lächelte, und wir verabredeten, dass wir uns am Montag in unserer Freistunde in der Bibliothek treffen wollten. Als ich danach wieder auf meinem Platz saß, war alles andere plötzlich vergessen. Ich dachte nicht mehr an Maximus und unseren Vertrag, ich dachte nicht einmal mehr an Papa und Weihnachten. Ich dachte nur noch an Elsies wunderbares Lächeln. Mit den Grübchen. Und den weißen Zähnen.

Zu Hause holte mich die Realität schnell wieder aus allen Wolken. Maximus rief an und erzählte, dass er sich an meine Anweisungen gehalten hatte. Er hatte sich zusätzlich zur Magen-Darm-Grippe, die tatsächlich schnell besser wurde, auch einen ordentlichen Husten und Schnupfen eingefangen.

„Vielleicht sogar eine Bronchitis, es ist großartig", schniefte er. „Dein Onkel Anton hat überlegt, was sie jetzt mit mir machen sollen, aber Mama hat den Thermenurlaub sofort abgesagt. ‚Kommt nicht in Frage', hat sie gesagt, ‚dass wir ein krankes Kind hierlassen.' Sie haben sich fast gestritten." Maximus klang hocherfreut. „Der Trip ist storniert. Ha!"

„Gratuliere", sagte ich. Ich musste fast grinsen. Das war also gelungen. Aber Maximus hielt sich nicht lange mit seiner Krankheit auf.

„Und wie sieht es mit Elsie aus – irgendwelche Fortschritte?"

Rums – da war es, mein Höhenflug war abrupt beendet, die Realität holte mich so sanft wie eine Bruchlandung wieder ein: Ich würde Elsie Nachhilfe geben, aber küssen sollte Maximus sie.

Ich seufzte. „Ich werde Elsie am Montag Nachhilfe in der Bibliothek geben. Dann werde ich sie kurz allein lassen und dann kannst du ..." Oh nein! Mir wurde plötzlich schlecht. Ich hatte gerade erfolgreich dafür gesorgt, dass Maximus nicht nur eine, sondern sogar zwei Krankheiten ausbrütete ... Bis Montag würde er wohl kaum wieder ausreichend gesund sein, um in die Schule zu kommen.

„Was, was kann ich? Warum sagst du nichts?", hakte Maximus sofort nach.

„Ich ... also ich habe gerade daran gedacht, dass du am Montag vielleicht noch zu krank bist, um zu kommen ..."

„Henri, kann es sein, dass du Elsie am Montag lieber selber küsst?" Maximus' Stimme war leise und misstrauisch.

Ich schwieg.

„Wir haben eine Abmachung", erinnerte er mich drohend. „Ich lege mich jetzt ins Bett und am Montag bin ich fit. Fit genug", berichtigte er sich, während er von einem Hustenanfall geschüttelt wurde. „Ich komme am Montag, ich schaffe das!" Damit legte er auf.

Lieber Papa,

nicht einmal das Telefon kann dich wecken. Dabei hat Maximus seit gestern mindestens 30 Mal angerufen und ins Telefon gehustet, um mich an unsere Abmachung zu erinnern. Fast hätte ich ihm schon gesagt, dass er in dem Zustand nur jemanden küssen sollte, von dem er will, dass er krank wird – aber wer weiß, was Maximus macht, wenn er so etwas hört …

    Es ist jedenfalls eine verzwickte Sache. Elsie will, dass ich ihr am Montag in der Bibliothek – allein in der Bibliothek! – Bruchrechnen beibringe. Und sie hat mich angelächelt. Du hast sie auf dem letzten Schulfest gesehen, du weißt also, von wem ich rede. Sie ist das schönste Mädchen der Schule. Kein Wunder, dass alle in sie verliebt sind! Und am Montag bin ich mit ihr allein. Ich! Und da könnte ich ihr meine Liebe gestehen und wer weiß, was dann alles passiert …

    Aber ich habe auch einen Deal mit Maximus. Denn der ist natürlich auch in Elsie verliebt und will, dass ich ihn am Montag in die Bibliothek hole und mich dann verzupfe, damit er mit Elsie allein ist und ihr sagen kann, dass er sie liebt. Und dann werden sie sich sicher küssen. Und ich weiß nicht, wie ich das aushalten soll. Wird man von einem gebrochenen Herz sehr krank? Wenn Maximus und Elsie ein Paar werden, will ich die Schule wechseln.

    Aber wenn ich mich an die Abmachung mit Maximus halte, wird Onkel Anton mit dir Weihnachten feiern, wie früher. Und dann wird endlich alles wieder gut!

Henri

Noch 2 Tage

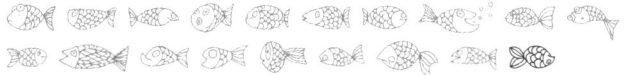

Die Schulbibliothek roch nach altem Wurstbrot und Staub. In der Sachbuchabteilung standen zwischen den Regalen drei Sessel um ein Tischchen, auf dem sich ein paar Bücher stapelten. Das Fenster davor schaute zum Hof, Schneeflocken schaukelten in einem dichten, weißen Vorhang gemächlich zu Boden.

„Wusstest du, dass jede Schneeflocke anders ist? Ich meine, keine sieht genauso aus wie die andere. Sie sind alle einzigartig." Die ganze Nacht hatte ich daran gedacht, dass ich mit Elsie über Schneeflocken reden könnte, und ich war dankbar, dass es weiter schneite und das Wetter so einen schönen Einstieg ins Gespräch lieferte. Schneematsch wäre, romantisch betrachtet, ein Desaster gewesen.

„Unvorstellbar, oder? Früher habe ich stundenlang Schneeflocken angeschaut", gab ich zu. Ich hatte überprüfen wollen, ob sie wirklich alle unterschiedlich waren. Mehr als einmal hatte ich mir fast die Hände abgefroren dabei, aber das behielt ich für mich.

Elsie war wenig beeindruckt. „Ah, na dann! Fangen wir an?", meinte sie nur und kramte ihre Unterlagen aus der Tasche.

Ich schluckte. So war das Schneeflocken-Gespräch in meiner Vorstellung nicht weitergegangen.

Ich überspielte meine Unsicherheit, indem ich alles Nötige aus meinem Rucksack hervorkramte. Ich hatte mich gut vorbereitet, hatte alle Aufgaben aus dem Schulbuch durchgerechnet und Papier und Stifte zum Üben mitgebracht.

„Oh, ich hab vergessen, meine Wasserflasche aufzufüllen", stellte Elsie plötzlich fest und schob eine leere Flasche über den Tisch zu mir. „Wärst du so lieb?", säuselte sie und legte ihren Kopf schief. An ihren Ohren schaukelten wieder die Christbaumohrringe. „Sonst kann ich mich nicht konzentrieren."

Ich war kurz irritiert, aber Elsie lächelte mich an und schaute entzückend und überhaupt: Es war Elsie! Elsie! Also nahm ich die Flasche und ging, um sie am Klo aufzufüllen.

Auf dem Rückweg lauerte mir Maximus zwischen den Bücherregalen auf. Er sah ziemlich mitgenommen aus und roch, als hätte er in Hustensaft gebadet. Ich erschrak. So früh hatte ich nicht mit ihm gerechnet!

„Was ist jetzt mit unserer Abmachung?", zischte er.

„Kannst du nicht warten?", raunte ich zurück. „In einer halben Stunde, habe ich gesagt. Erst machen wir Mathematik, dann kommst du!"

„Andersrum wäre es besser."

„Kommt gar nicht in Frage." Ich drängte mich an Maximus vorbei, aber mein Herz klopfte mir bis zum Hals. Das war es also, jetzt musste ich endgültig eine Entscheidung treffen. Elsie oder Papa, Papa oder Elsie? Es war noch schwieriger, als gedacht.

Elsie warf mir einen erwartungsvollen Blick zu, als ich mich neben sie setzte und das Mathebuch aufschlug.

Ich räusperte mich. „Elsie, ich muss dir was sagen ...", begann ich. Ein Regal weiter fiel ein Buch zu Boden. Das war Maximus, er hörte mit – entweder hatte er sich geschreckt oder, wahrscheinlicher, er wollte mich warnen.

„Lass uns anfangen", beendete ich den Satz und lächelte schwach.

Ich ließ Elsie ein Beispiel vorrechnen und erklärte ihr dann, was sie falsch gemacht hatte. Aber ich war nur halb bei der Sache. Mit einem Ohr horchte ich zu Maximus hinüber. Mit dem anderen hörte ich in mich hinein.

Da war eine kleine Stimme in mir, die sagte: „Tu was! Sag was, irgendwas! Wenn Maximus kommt, ist alles zu spät!" Eine zweite Stimme sagte: „Denk an Papa! Wenn du willst, dass es ihm wieder besser geht, musst du auch etwas dafür tun!"

Elsie rechnete inzwischen das zweite Beispiel und machte dieselben Fehler wie beim ersten Mal. Ich erklärte es ihr noch einmal.

Elsie rechnete das dritte Beispiel. Sie war schnell. Aber sie machte wieder genau dieselben Fehler wie beim ersten Mal. Als ich versuchte, es ihr noch einmal zu erklären, beschwerte sie sich: „Das ist voll blöd. Mathe ist einfach voll blöd! Wer denkt sich so einen Schwachsinn aus?" Und mit einem Seitenblick auf mich: „Und du kannst auch nicht besonders gut erklären!"

Sie warf ihren Stift auf das Heft, kramte eine Dose aus ihrer Tasche und lehnte sich zurück. „Kurze Pause", bestimmte sie, öffnete die Dose und holte drei Kekse heraus. Ein Duft nach Vanille und Zimt verbreitete sich.

Ich blinzelte. War Bruchrechnen wirklich so schwer zu verstehen? Ich hatte mir gedacht, dass ich ihr nur ein, zwei Beispiele genau erklären müsste, dann würde sie alles kapieren, ich wäre ein Nachhilfe-Genie und dann … Aber es lief alles irgendwie anders, irgendwie verkehrt. Und mir lief die Zeit davon – Elsie oder Papa …?

Nachdem sie alle Kekse aufgeknabbert hatte, rechneten wir noch ein viertes und fünftes „voll blödes" Beispiel. Aber es lief langsam besser.

Ich bemühte mich, besonders deutlich zu sein, und zeigte auf eine wichtige Zahl in der Angabe. Dabei berührten sich unsere Fingerspitzen auf dem Papier. Es durchzuckte mich wie ein Blitz und ich entschied mich – für Elsie!

„Elsie", flüsterte ich, damit Maximus mich sicher nicht hören konnte. „Elsie, ich … also, was ich dir immer schon sagen wollte …" Meine Knie zitterten, als wäre ich gerade 17 Stockwerke hochgelaufen.

Sie sah mich erwartungsvoll an. Wieder roch ich Zimt und Vanille, aber diesmal – diesmal erinnerte es mich schmerzlich an Weihnachten und an Papa. Papa, der früher immer für mich da gewesen war. Papa, der mich jetzt brauchte.

Ich gab mir einen Ruck und dann war alles plötzlich ganz leicht. „Elsie, also ich finde dich toll. So einzigartig wie eine Schneeflocke." Sie sah mich verständnislos an. „Eine besonders schöne Schneeflocke", beeilte ich mich hinzuzufügen. Sie sah mich noch immer schief an. Ich seufzte, ruhig und entschlossen: „Und ich bin nicht der Einzige, der dich toll findet", sagte ich laut. „Es ist jemand hier, der dich unbedingt sehen will …"

Maximus kam – wie aufs Stichwort – sofort um die Regale geschlurft, die Hände in den Hosentaschen.

„Seid ihr fertig?", fragte Maximus.

Elsie zuckte mit den Schultern: „Ich hab genug für heute."

„Ja, ah …", ich räusperte mich, „ja, also… ich gehe dann schon mal vor in die Klasse."

Ich sammelte meine Sachen zusammen. Als ich an Maximus vorbeischlüpfen wollte, hielt er mich zurück. „Was mach ich jetzt?", raunte er mir zu, während Elsie Wasserflasche und Keksdose einpackte.

„Was? Ich hab dafür gesorgt, dass du mit ihr allein sein kannst!"

„Aber wir hatten einen Kuss verabredet."

Elsie schaute misstrauisch zu uns herüber, weil wir so aufgeregt flüsterten.

„Küssen musst du sie schon selber", zischte ich. „Oder soll ich das auch noch für dich machen?"

Maximus schaute mich wütend an, aber auch irgendwie hilflos. Dann tat er, was er am besten konnte. Er drohte: „Wenn du dich nicht an den Deal hältst, kannst du Weihnachten vergessen."

Meine Knie begannen wieder zu zittern. Diesmal aber vor Ärger. Also gut, dieses eine, dieses eine, letzte Mal würde ich mich noch von ihm erpressen lassen, aber danach nie mehr wieder!

Elsie war inzwischen aufgestanden. „Was tuschelt ihr da?"

Ich war so wütend – wütend auf Papa, dass ich seinetwegen Elsie aufgegeben hatte. Wütend auf Maximus, weil er mich immer nach seiner Pfeife tanzen ließ. Ich war sogar wütend auf Elsie, weil sie meine Erklärungen so lange nicht kapiert hatte. Ich war so wütend, dass ich nicht mehr denken konnte. Ich schrie das erste, was mir einfiel: „Wir haben gewettet! Ich habe gesagt, dass du Maximus nie küssen wirst!"

Das war totaler Schwachsinn. Ich griff mir an den Kopf. Weihnachten konnte ich vergessen. Aber Elsie machte einen Schritt auf uns zu und hauchte Maximus einen flüchtigen Kuss auf die Wange. Maximus erstarrte. Elsie lächelte: „Nur für die Wette natürlich!"

Ich rannte hinaus. Fast hätte ich dabei Marie über den Haufen gerannt. Was machte die vor der Bibliothek?

Ich konnte den ganzen Tag über keinen klaren Gedanken mehr fassen. Als ich das Haustor hinter mir zuschlug, warf Signore Montesanto nur einen Blick auf mich und sagte: „Wenn ich mich so ärgere und nicht weiß, wohin mit meiner Energie, dann putze ich die Stiegen."

„Sicher nicht", wollte ich sagen, aber der Signore fuhr fort: „Das ist jedenfalls besser, als Fische aus dem Fenster zu schmeißen oder gegen die Hausmauer zu treten."

Also ließ ich mir einen Eimer Wasser und eine feste Bürste geben. „Fang ganz oben an." Signore Montesanto rieb sich die Hände. „Wir werden so saubere Stiegen haben wie noch nie!"

Ich schrubbte eine Stunde, dann ließ meine Wut langsam nach. Nach einer weiteren halben Stunde war mir klar geworden: Wenn es nicht um Papa gegangen wäre, hätte ich nie wieder Weihnachten gefeiert. Ich hasse Weihnachten!

Ich hasse Weihnachten so sehr, dass ich fast ein Loch in die Stiegen schrubbte. Als der Signore vorbeikam, um zu sehen, wo ich so lange blieb, rutschte er auf den nassen Stiegen aus und fiel hin. Es sah schlimm aus, aber ich durfte ihm nicht beim Aufstehen helfen. „Ich bin doch kein alter Mann", schnaufte er entrüstet. Aber als er die Treppe hinunterhinkte, klammerte er sich ans Geländer.

„Soll ich Ihnen den Kübel zurückbringen", fragte ich – vor allem, weil ich sehen wollte, ob er es bis zu seiner Wohnung schaffte. „Heute nicht. Bring ihn morgen. Ich muss mich kurz hinlegen."

In unserer Wohnung klingelte das Telefon. Maximus.

„Ich wollte dir nur sagen, dass ich Wort halte. Ich habe mit Mama und Anton geredet. Wir kommen", sagte Maximus und ich hörte seine Mutter im Hintergrund schreien: „Nur wenn es Henris Eltern so kurzfristig noch recht ist, Maxi."

„Ja", erklärte ich, es war meinen Eltern auch so kurzfristig noch recht.

Dann telefonierten unsere Mütter miteinander und vereinbarten die praktischen Dinge.

„Bist du jetzt glücklich?", fragte Mama, nachdem sie aufgelegt hatte. Ihre Augen blitzten erwartungsvoll.

„Ja", behauptete ich und rang mir ein Lächeln ab. Aber in Wahrheit wollte ich nichts mehr davon – nicht Maximus, nicht seine Mutter, nicht einmal Onkel Anton, keinen Weihnachtsbaum, keine Kekse und keine Geschenke.

Nur, dass mit Papa wieder alles gut wird, das wollte ich noch immer.

Noch 1 Tag

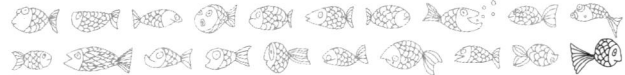

Die Schule war weihnachtlich geschmückt und sah so feierlich aus, dass mir übel wurde. Elsie behandelte mich wie Luft. Jedes Mal, wenn sie Maximus ansah, grinste er, als hätte er doppelt so viele Zähne wie ein normaler Mensch.

Nach der dritten Stunde flüchtete ich auf den Gang zum Biologiesaal. Es läutete. Der Unterricht begann. Ich blieb sitzen. Meine Beine hatten vergessen, wie sie sich bewegen sollten. Sollte mich der Wurzinger doch erwischen, mir war alles egal, solange ich nur Elsies Rücken nicht sehen musste.

Irgendwann hörte ich jemanden den Gang herunterkommen, aber die Schritte waren zu leise für den Wurzinger. Marie setzte sich neben mich.

„Ich hab mir schon gedacht, dass ich dich hier finde."

Ich sagte nichts, aber ich schielte zu ihr hinüber. Ich wollte niemanden sehen, aber die Marie – dass sie auch da war, war o.k. Und irgendwie war es auch schön, nicht ganz allein zu sein.

„Der Unterricht hat schon angefangen", sagte sie.

Ich zuckte mit den Schultern. „Ist mir egal."

„Du bist komisch. Erst rennst du dem Maximilian hinterher, dann der Elsie und dann ist dir alles egal."

Ich schwieg.

„Aber gut, dass du so schnell draufgekommen bist, dass die Elsie dich nur ausnutzen wollte."

„Was?"

„Ja klar", sagte Marie und so, wie sie es sagte, wusste ich plötzlich, dass sie Recht hatte. Elsies Lächeln war nicht echt gewesen. Damit hatte sie mich nur um den Finger wickeln wollen, um etwas zu bekommen, das sie wollte. Und es hatte ja auch wunderbar funktioniert.

Ich stöhnte. „Sie wollte nur, dass ich ihr Mathe beibringe?!" Marie nickte.

In meinem Bauch machten sich Wut und Enttäuschung breit.

„Bei Elsie muss man aufpassen." Marie lachte bitter. „Das hab ich auch lernen müssen."

Ich schaute sie verwundert an. Mir fiel auf, dass ihre Augen dunkler waren als sonst. Sie sahen traurig aus.

„Ich wollte früher auch dazugehören. Zu Elsie. So wie Anna, Nina und Sophie." Marie zupfte an einem Haarband auf ihrem Handgelenk, während sie weitersprach.

„Eines Tages fragten sie mich, ob ich mit ihnen zum Frisör gehe. Ich hätte etwas merken müssen. Die wollten sonst nie etwas mit mir zu tun haben. Aber ich hab mich so gefreut."

„Du bist mitgegangen?"

Marie seufzte und nickte.

„Es war ein netter kleiner Laden. Ich habe mich am Anfang richtig wohlgefühlt dort. Und Elsie hat die ganze Zeit mit mir geredet. Ich dachte, sie interessiert sich für mich, aber sie wollte mich nur ablenken.

Denn die vier hatten der Frisörin erzählt, dass ich grüne Haare haben will. Ich hab es erst gemerkt, als die Frisörin fertig war. Elsie, Anna, Sophie und Nina haben Tränen gelacht. ‚So ein Pech, Marie!', haben sie gesungen."

„Pechmarie", wiederholte ich leise.

„Ja, seither bin ich die Pechmarie."

Marie zupfte schweigend an ihrem Haargummi.

„Ich hab deine grünen Haare nie gesehen."

„Nein, als die Friseurin gemerkt hat, dass es nur ein schlechter Scherz war, hat sie meine Haare gleich wieder umgefärbt und ich musste auch nicht zahlen. Aber ich bin seither nicht mehr zum Frisör gegangen", sagte Marie. Sie schüttelte ihre langen Haare und band sie mit dem Haargummi zusammen.

Ich schielte zu ihr hinüber. „Tut mir leid, das hab ich nicht gewusst." Ich genierte mich plötzlich. Ich hatte mich nie gefragt, warum sie die „Pechmarie" war. Ich hatte sie auch immer so genannt. Einfach, weil es alle anderen taten.

Marie lächelte schief. „Ich hab gedacht, das weiß jeder. Die Mädels haben es jedenfalls am nächsten Tag allen erzählt."

„Mir nicht."

Wir schwiegen eine Weile. Marie holte Kaugummi aus ihrer Hosentasche und gab mir auch einen. Die Stille mit Marie war eine angenehme Stille und schmeckte nach Menthol. Ich kaute nachdenklich.

„Ich hätte die grünen Haare gern gesehen. Die haben sicher gut zu deinen grünen Augen gepasst."

Mehr sagten wir nicht. Bevor der Wurzinger uns tatsächlich suchen kam, machten wir uns auf den Weg zurück in die Klasse.

Vor dem Gangfenster taumelten riesige Schneeflocken in alle Richtungen. Marie blieb stehen und berührte die Scheibe mit der Hand: „Angeblich sind keine zwei Schneeflocken gleich – erstaunlich, oder?"

Ich nickte. Ich hasste Weihnachten noch immer. Aber nicht mehr ganz so heftig.

Am Nachtmittag klopfte ich im Souterrain. Ich wollte dem Signore den Kübel zurückgeben, aber er öffnete nicht. Selbst, als ich lauter klopfte. Ich wurde unruhig.

Die alte Pelinka fand mich, wie ich vor der Tür nach dem Signore brüllte.

„Da macht dir keiner auf. Dein Signore ist im Krankenhaus. Du sollst dir aber keine Sorgen machen, soll ich dir ausrichten. Das hat er gesagt, als ihn die Rettung abgeholt hat."

„Was? Wann war das?"

„Gestern Abend." Die alte Pelinka klang besorgt.

‚Es ist alles meine Schuld', fuhr es mir durch den Kopf. ‚Wegen mir ist er ausgerutscht. Wegen mir liegt er jetzt im Krankenhaus. Alles meine Schuld.'

„Ich habe das Krankenhaus aufgeschrieben, in das sie ihn bringen wollten." Die Pelinka reichte mir einen Zettel. „Ich wollte ihn gleich begleiten, aber ...", sie schluckte und hob ihr Kinn, „weißt du, was er zu mir gesagt hat?"

Ich schüttelte den Kopf.

„Er hat gesagt ‚Frau Pelinka, ich danke Ihnen für Ihre Hilfe. Ich werde Ihnen dafür etwas sagen: Sie hängen an Ihrer schlechten Laune wie ein Ertrinkender an einem Stein! Eine Frau wie Sie hat das doch nicht nötig!' Das hat er gesagt."

Die Frau Pelinka wirkte verwirrt, aber ich hatte keine Zeit, mich um sie zu kümmern. Ich schnappte den Zettel und lief die drei Stockwerke zu unserer Wohnung hinauf. Und dort wartete noch eine Überraschung auf mich: Papa saß. Wackelig zwar, aber er saß. Aufrecht. Auf dem Sofa.

Ich hielt die Luft an. Für einen Moment sah es so aus, als würde er sich sofort wieder hinlegen.

„Morgen musst du auch bei Tisch sitzen, da gibt es keine Ausreden", Mamas Stimme klang hart.

Papa hob den Kopf und sah mich im Türrahmen stehen.

„Ja, Papa, bitte!" Ich war überrascht, wie ängstlich ich mich anhörte.

Denn plötzlich hatte ich den schrecklichen Gedanken, dass Papa Onkel Antons Besuch einfach verschlafen könnte. Das durfte nicht passieren! Zum Glück sah Mama das genauso wie ich.

Papa schaute durch mich durch und sagte nichts, aber er nickte schwach.

Mama sah mich fragend an. Fast hätte ich vergessen, was ich hatte sagen wollen. „Signore Montesanto ist im Krankenhaus. Darf ich ihn besuchen?"

„Stimmt, Frau Pelinka hat mir davon erzählt. Ich hoffe, es ist nichts Schlimmes?! Ich würde dich ja begleiten, aber ...", sie schaute sich etwas hilflos in der Wohnung um und warf Papa einen strengen Blick zu, „... ich muss hier noch zu viel vorbereiten." Sie blickte mich prüfend an: „Findest du auch allein hin?"

Ich nickte fest.

„Gut, dann sag dem Signore gute Besserung, auch von mir."

Eigentlich war ich ja hin- und hergerissen. Ich wollte sehen, wie es dem Signore ging, und ich wollte sehen, wie es Papa ging. Papa, der sich endlich bewegte. Aber Papa hatte Mama, die auf ihn aufpasste. Der Signore hatte niemanden. Es war trotzdem nicht leicht mich loszureißen und ich trödelte beim Anziehen. So konnte ich hören, wie Mama Papa Anweisungen gab. Sie dachte wohl, dass ich schon gegangen war.

„Ich weiß nicht, warum Henri sich in den Kopf gesetzt hat, dass Anton hier essen soll, und ich weiß ehrlich gesagt auch nicht, wie er es geschafft hat, deinen Bruder zu überreden. Aber er muss sich ordentlich ins Zeug gelegt haben. Wir werden ihm also die Freude machen, morgen ist Weihnachten!"

Ich grinste. Ja, morgen war Weihnachten und Mama erklärte Papa, was er zu tun hatte, und Papa tat wieder, was er zu tun hatte. Es stimmt also doch, dachte ich, als ich die Tür hinter mir schloss: Zu Weihnachten wird alles gut.

Zum Krankenhaus waren es nur drei Straßenbahnstationen. Ich fragte am Empfang nach Signore Montesanto. Ein Pfleger führte mich durch ein Labyrinth von Gängen in den siebten Stock. „Ich muss sowieso da hinauf", sagte er. Vor der Zimmertür verabschiedete er sich: „Deinem Opa geht es sicher bald besser, ist alles halb so schlimm!"

Ich war mir da nicht so sicher. Ich war schuld, dass der Signore gestürzt war, und ich hatte keine Ahnung, was mich bei seinem Anblick erwartete.

Was mich erwartete, war Signore Montesanto, genau so, wie ich ihn kannte. Er stand neben einem Bett und faltete die Bettdecke ordentlich zusammen, sein dunkler Anzug saß makellos.

Ich lief ihm entgegen und vergrub mein Gesicht in seinem Jackett. Erst da merkte ich, wie sehr meine Knie zitterten.

„Nimm besser ein Taschentuch, Henri, wenn du dich schnäuzen musst", brummelte er nach einer Weile. Ich löste mich, nahm das Taschentuch, das er mir hinhielt, und setzte mich.

„Geht es Ihnen gut?"

„Mir? Ausgezeichnet! Es ging mir nie besser!" Er klopfte sich zur Bekräftigung auf die Brust.

„Aber die Rettung …", stammelte ich, „die Frau Pelinka hat gesagt, die Rettung hat Sie geholt. Sie sind gestürzt …"

„Ja, unsere Frau Pelinka war so nett, die Rettung zu rufen. Ich bin ihr wirklich sehr dankbar."

„Es tut mir so leid! Wenn ich den Boden nicht so lang geputzt hätte, wären Sie nicht hingefallen, und dann ..."

„Boden geputzt? Hingefallen? Was redest du für Unsinn?"

„Na, der Unfall auf den Stufen, ich dachte ..."

„Doch nicht dieses kleine Missgeschick im Stiegenhaus", er winkte ab. „Ich habe am Abend noch den Müll hinausgebracht und dabei hatte ich einen kleinen Schwächeanfall. Aber", er lächelte, „zum Glück war unsere Frau Pelinka sofort zur Stelle und jetzt geht es mir wieder wunderbar und ich warte nur mehr auf die Schwester mit meinen Entlassungspapieren." Seine Finger trommelten ungeduldig auf den Bettrahmen.

„Ja, aber ...", stammelte ich, „warum hatten Sie denn einen Schwächeanfall?"

Signore Montesanto knirschte mit den Zähnen. „Ich wünschte wirklich, Henri, du würdest nicht so darauf herumreiten ... Ich bin alt, um Himmels willen", rief er.

„Alt?"

„Ich werde das nicht noch einmal sagen", er hob warnend den Finger. Dann warf er mir einen belustigten Blick zu. „Du tust ja gerade so, als wäre dir das noch nie aufgefallen, Junge!"

Und ich schätzte, das war es tatsächlich nicht.

„Nein", sagte ich verblüfft. „Sie sehen auch gar nicht ... alt ... aus."

„Ich färbe meine Haare seit dreißig Jahren", sagte der Signore und zwinkerte mir verschwörerisch zu. „Aber dass du das keinem verrätst."

Ich schwor ein doppelt-dreifaches Ehrenwort.

„Obwohl ich vermute, dass die Frau Pelinka es weiß. Die Frau Pelinka ist besser informiert, als der gesamte amerikanische Geheimdienst und braucht dafür nicht einmal einen Internetanschluss", meinte Signore Montesanto nachdenklich.

Es klopfte und eine Schwester kam herein: „Hier sind Ihre Entlassungspapiere. Ich habe schon gehört, dass Ihr Enkel Sie abholen kommt." Sie lächelte.

Der Signore und ich schauten uns an.

„Nicht mein Enkel", sagte Signore Montesanto bestimmt, „mein Freund." Die Schwester war verwirrt, aber fragte nicht nach. Ich verstand den Signore hingegen sofort. Ein Enkel ist jemand, der einen im Spital besuchen muss. Ein Freund kommt freiwillig. Ich lächelte stolz und brachte dem Signore seinen Mantel.

„Wollen wir?", fragte der Signore. Wir suchten uns einen Weg durch das Krankenhauslabyrinth und bummelten nach Hause zurück, vorbei an hektischen Einkäufern und blinkenden Weihnachtssternen. Es war plötzlich, als würden alle Probleme einem anderen Henri mit einem anderen Leben gehören, nicht mir. Signore Montesanto hüllte mich in Pfeifenrauch und Stille und hier und jetzt war alles gut. Ich glaubte endlich zu verstehen, was der Signore meinte, wenn er manchmal sagte: „Es gibt kein Später, es gibt nur ein Jetzt."

Wir blieben stehen, um einen Weihnachtsbaum für den Signore zu kaufen, und vergruben die Nasen tief in den Tannennadeln. „So riecht Weihnachten, Henri!", sagte der Signore. Er kaufte kandierte Äpfel für uns. „Und so schmeckt es", lachte er.

Ich wollte am liebsten immer so weitergehen und nie zu Hause ankommen.

Abseits vom Trubel, auf einem Platz ohne Geschäfte und Weihnachtsmarkt, ließ sich der Signore auf eine Bank fallen und seufzte.

Ich war sofort besorgt: „Können Sie nicht weitergehen? Soll ich noch einmal die Rettung holen?"

„Hör auf mit dem Unsinn!", schnappte der Signore. „Ich habe mich nur hingesetzt, um mit dir zu reden."

Also setzte ich mich neben ihn.

Er schwieg eine Weile, dann räusperte er sich. „Henri, ich muss dir etwas sagen."

Sofort hatte ich ein flaues Gefühl im Magen: „Was müssen Sie mir sagen? Werden Sie sterben?"

„Madonna mia, Henri!"

„Ich mein ja nur ..."

„Ja, irgendwann werde ich auch sterben, aber sicher nicht jetzt."

Ich sah dem Signore zu, wie er an seinem Apfel kaute. Das Einzige, was von meinem Apfel noch übrig war, waren klebrige Finger.

Als der Signore endlich auch seinen Apfel aufgegessen hatte, sagte er: „Henri, schau mich an."

Ich tat es. Der Signore nahm meine Hände in seine und sagte feierlich: „Ich möchte mich bei dir bedanken, Henri."

„Wofür?", ich stutzte.

„Für Nicola konnte ich nicht da sein. Für dich schon." Signore Montesanto blinzelte kurz. „Dass ich auf meine alten Tage noch lernen durfte, für jemanden da zu sein, Henri, das ist keine kleine Sache. Ich danke dir."

Ich war ziemlich überrumpelt, aber es war ... ein angenehmes Gefühl. Ganz warm.

Signore Montesanto zog mich näher zu sich heran, und ich weiß nicht, wie lange wir so auf der Bank saßen – zwei Menschen und ein Weihnachtsbaum.

Papa schlief schon, als ich nach Hause kam. Mama hatte unseren Christbaum aufgestellt und geschmückt und sie hatte Kekse gebacken. Es roch nach Zimt und Äpfeln und Schokolade. Ich stibitzte Schokolade vom Baum und eine Keksdose aus der Küche.

An diesem Abend ging ich glücklich und mit Bauchweh ins Bett. Morgen war Weihnachten. Alles lief, mehr oder weniger, nach Plan und mein Plan sah vor, dass zu Weihnachten endlich alles gut werden würde.

Lieber Papa,

es schneit. Die Leute gehen langsamer, wenn es schneit. Sie verkriechen sich in ihren Mänteln und schweigen mehr. Alles ist stiller, wenn es schneit. Mama hat mir erzählt, dass es früher viel mehr geschneit hat. Das war sicher schön. Eine weiße, friedliche Welt. Ich weiß schon, du hattest kein Handy und keine DVDs und so. Aber du hattest eine Familie und einen Bruder. Du warst nie allein.

Signore Montesanto war im Krankenhaus. Er sagt, mit Medizin kann man überleben, aber zum Leben braucht es mehr. Menschen, die man lieb haben kann, zum Beispiel. Deshalb will er im Frühling nach Italien fahren. Ich bin fast sicher, dass er die Reise wegen mir verschoben hat. Das war sein Geschenk für mich. Morgen ist Weihnachten. Ich freu mich schon.

Henri

Ich träumte vom Weihnachtsmann. Er sah aus wie Onkel Anton, nur freundlicher. Er stieg durchs Fenster und weckte Papa und erzählte ihm einen wahnsinnig lustigen Witz. Papa hielt sich den Bauch vor Lachen und der Anton-Weihnachtsmann zwinkerte mir zu und gab mir seine Karte. Auf der stand „Agentur Nordpol. Wir machen alles wieder gut." Ich bat den Weihnachtsmann, mir den Witz auch zu erzählen, aber er sagte: „Betriebsgeheimnis". Als er wieder aus dem Fenster stieg, wachte ich auf. Ich hatte ein flaues Gefühl im Magen: Konnte es wirklich so einfach sein?

ES IST SO WEIT

Ich war kaum aufgestanden, da wuselte Mama schon durch die Wohnung. Sie hatte eine Liste: Staubsaugen, abstauben, Klo putzen stand ganz oben. Ich half mit, so gut ich konnte.

Dann ging es ans Kochen. Mama marinierte Fleisch und schnippelte Gemüse. Ich stapelte Kekse auf einen großen Teller. Der erste Stapel stürzte um, aber nachdem ich ein paar Kekse gegessen hatte, war für die anderen genug Platz.

Dann trug Mama mir auf, Rotwein in eine bauchige Kanne zu gießen. „Zum Atmen", wie sie es nannte.

„Wir sollten dazwischen auch mal Luft holen", murmelte ich. Mama hörte das und ich staunte nicht schlecht, als sie meinte: „Du hast Recht!"

Wir setzten uns in die Küche und Mama atmete ein paar Mal tief durch, während ich Kakao trank. Dann drückte sie mich fest, lächelte und machte sich wieder an die Arbeit.

Was wir dann machten, gefiel mir am besten: Das Sofa lüften. Dazu schickten wir Papa unter die Dusche. Als er nach Ozean-Duschgel duftend, mit nassen Haaren und in ein Handtuch gewickelt wieder herauskam, war das Sofa voller Weihnachtsgeschenke, und er konnte sich nicht mehr hinlegen. Mama hatte das perfekt geplant.

Inzwischen war es fast fünf Uhr, das hieß, die Gäste würden bald kommen. Daher setzten wir Papa in einen Sessel mitten in die Küche. Dort blieb er aber nicht lange. Papa hatte immer gerne gekocht und der Geruch des Weihnachtsbratens lockte ihn zum Herd. Er schaute vorsichtig in alle Töpfe, rührte mal da um, mal dort. Salzte die Erbsen, pfefferte die Karotten. Mama und ich hielten die Luft an. Wir schauten gebannt zu, wie er die Soßen kostete und Bratensaft über das Fleisch goss.

Ich spürte Mamas Arm auf meiner Schulter und wie sie mich sanft zu sich zog. Ein warmes Gefühl stieg in mir auf. Für einen Moment dachte ich, mein Weihnachtswunder wäre schon geschehen. Doch, wie es solche Momente oft in sich haben, sie dauern nicht besonders lange.

Papa hielt plötzlich inne und drehte sich um. Er sah uns aus zusammengekniffenen Augen an, so wie jemand, der zum ersten Mal nach langer Zeit die Sonne wieder sieht – und sich nicht sonderlich darüber freut.

„Wer?", krächzte er und deutete auf das Essen. Seine Stimmbänder waren aus der Übung. „Für wen?"

„Ich hab dir ja gesagt, dass Henri deinen Bruder Anton eingeladen hat. Er kommt mit Carola, seiner neuen Freundin, und ihrem Sohn." Mama klang, als hätte sie das schon mindestens zehn Mal erklärt.

Papa verzog angewidert das Gesicht. Er sah mich an, und dann richtete er die ersten Worte seit Wochen an mich. Er sagte: „Wie bist du auf die bescheuerte Idee gekommen, diesen Idioten einzuladen?"

Das warme Gefühl in meinem Bauch schoss wie ein Vulkan in meinen Kopf und begann dort direkt hinter den Augen zu brennen.

„Was?! Ich ... äh ...", mein Mund war ganz trocken.

Was hatte Papa da gerade gesagt? Wen meinte er mit Idiot? Was?! Mir war schwindlig.

„Komm, Henri!", Mama wollte mich sanft aus der Küche schieben, aber ich wehrte mich.

Das wollte ich jetzt genau wissen. Das musste mir Papa jetzt erklären.

Zehn Minuten später stand ich in Signore Montesantos Küche und versuchte zu erzählen, was passiert war. Das war nicht so einfach, denn ich hatte vorübergehend vergessen, wie aus Worten Sätze werden. Kurzzeitig hatte ich auch vergessen, wie man atmet.

Ich schnappte nach Luft, der Signore klopfte mir beruhigend auf den Rücken. „... und dann habe ich Papa gefragt, ich habe gefragt, nein, gesagt, dass er doch auch jedes Jahr Onkel Anton zu Weihnachten eingeladen hat."

„Und was hat dein Vater gesagt?" Der Signore bewegte nur seine Lippen, als er sprach. Alles andere an ihm war gespannte Aufmerksamkeit. Er sah aus wie eine Katze vor dem Sprung. Ich begriff, dass alles bisher ein Spiel gewesen war, aber das jetzt war ernst. „Vergiss nicht zu atmen, Henri!"

Ich atmete tief durch und schloss die Augen. „Er hat gesagt: ‚Natürlich habe ich Anton jedes Jahr eingeladen. Ich wusste ja, dass er gescheit genug ist, nicht zu kommen.'" Ich riss die Augen wieder auf und schrie: „Das konnte ich doch nicht wissen! Wie hätte ich das wissen sollen?" Meine Stimme überschlug sich.

Signore Montesanto fasste mich fest an den Armen und schaute mir tief in die Augen: „Einatmen und ausatmen, Henri. Alles der Reihe nach, ja?"

Ich schluckte und nickte.

„Und dann bist du sofort zu mir gekommen?"

„Dann hat Mama gerufen: ‚Salz. Henri, wir brauchen unbedingt Salz. Du musst sofort Salz holen.' Das ist der Mama-Code für: Ich muss mit deinem Vater reden, geh und hol irgendwas und lass uns allein", erklärte ich.

„Und dann bist du gegangen?"

Ich nickte schwach. „Mama will nicht, dass ich höre, wenn sie mit Papa schimpft."

„Aber du hast es trotzdem gehört?" Der Signore kannte mich wirklich ziemlich gut.

„Was hätten Sie getan?", fragte ich abwehrend.

„Ich hätte gelauscht", der Signore war ganz sachlich in diesen Dingen. „Was hast du gehört?"

„Nicht viel. Papa hat etwas gegrummelt, was ich nicht verstehen konnte. Und Mama war ganz leise. So leise ist sie nur, wenn sie sogar zum Schreien zu wütend ist", ich schauderte. „Da hast du endlich einmal etwas, über das du wirklich nachdenken solltest", war das Einzige, was ich verstehen konnte.

„Und dann?"

„Dann bin ich zu Ihnen heruntergelaufen."

Der Signore brummte etwas Unverständliches, schenkte sich einen Grappa ein und bot mir auch einen an.

Ich lehnte ab.

„Was soll ich jetzt machen?", fragte ich leise.

„Was du jetzt machen sollst?" Signore Montesanto schürzte nachdenklich die Lippen, dann stahl sich ein Lächeln in sein Gesicht. Es war kein freundliches Lächeln, es erinnerte mehr an eine Katze, die eine Maus am Schwanz erwischt hat. „Natürlich!" Er klatschte in die Hände und griff nach einer Schachtel über seiner Abwasch. „Du bringst deiner Mutter das Salz, das sie haben wollte!" Er überreichte mir die Packung ganz feierlich, als wäre sie etwas ungeheuer Wertvolles.

Ich sah ihn verwundert an. „Signore Montesanto – ich glaube, wir haben genug Salz zu Hause. Das war doch nur ..."

„Ich weiß, ich weiß Henri", unterbrach er mich. „Aber manchmal ist es wichtig, den Schein zu wahren. Der Schein ist das, was die besten Familien zusammenhält!"

„Was?"

„Bring deiner Mutter das Salz. Das hilft deinem Vater, nicht wie ein Idiot auszusehen."

Ich verstand es immer noch nicht ganz, aber ich vertraute Signore Montesanto und nickte. „Und dann?"

„Meine Großmutter Giovanna hat immer gesagt, ‚Was man angefangen hat, muss man zu Ende bringen.' Also: Dann wirst du Weihnachten mit deinen Gästen feiern und sehen, was passiert. Noch ist das letzte Wort nicht gesprochen!"

Ich war zwar skeptisch und bei dem Gefühl, wieder nach oben in die Wohnung zu gehen, fühlte ich mich gar nicht wohl – aber es war wohl das Sinnvollste, was ich jetzt tun konnte.

„Manche Leute finden über die Freude ins Leben, andere über den Ärger – erinnere dich an meinen Großvater, den meine Großmutter Giovanna erst austricksen musste."

Ich lächelte, vorsichtig.

„Wer weiß, zu welcher Gruppe dein Vater gehört ...", sagte der Signore. Er umarmte mich fest und schickte mich los: „Finde es heraus. Mach das Beste aus der Situation. Ich weiß, du kannst das." Und so, wie der Signore es sagte, glaubte ich es fast.

Langsam stieg ich Stufe für Stufe in den dritten Stock. Das Salzpäckchen hielt ich fest umklammert wie einen Rettungsanker.

Im dritten Stock hielt mich die Frau Pelinka auf.

Sie drückte mir einen Teller in die Hand, auf dem sich Vanillekipferl türmten – jedes so groß wie ein Bumerang.

„Frohe Weihnachten Henri", sagte sie mit seltsam rauer Stimme. Dann griff sie nach meinem Arm und flüsterte: „Was sind denn das für komische Leute, die da zu euch kommen?"

Normalerweise hätte ich der Pelinka auf so eine Frage nicht geantwortet. Aber diesmal war ich zu müde, um mich gegen ihre Neugier zu wehren.

„Das ist mein Onkel mit seiner neuen Familie", erklärte ich leise. „Ich mag sie auch nicht."

Die Pelinka ließ mich los. Dann musterte sie mich prüfend. „Lass dir bloß Weihnachten nicht verderben, Bub, ja?!"

Sie blitzte mich noch einmal an, dann drehte sie sich um und verschwand in ihrer Wohnung. Verdutzt blieb ich zurück. Was auch immer das jetzt war. Das Salz in meinen Händen erinnerte mich daran, dass ich eigentlich zurück in unsere Wohnung wollte.

„Die Riesenkipferl sind von der Frau Pelinka, das Salz ist von Signore Montesanto", sagte ich zu Mama, als sie mir die Tür öffnete. Ich drückte ihr beides in die Hand.

„Hallo Henri!" Onkel Anton war hinter Mama aufgetaucht. Er lächelte bemüht.

Sie waren also tatsächlich gekommen. Ich hatte mir tagelang vorgestellt, wie sehr ich mich freuen würde, Onkel Anton zu sehen. Stattdessen fühlte ich mich miserabel und leer.

Ich hatte mir ausgemalt, dass es Umarmungen geben würde und Gelächter und einen Papa, der wieder Witze erzählte, während er das Essen an den Tisch brachte. Aber jetzt wusste ich: Das alles würde nicht passieren. Wenn ich ehrlich war, hätte ich mich am liebsten in mein Zimmer verkrochen. Aber das konnte ich natürlich auch nicht machen.

„Das ist die Carola", Onkel Anton zog eine Frau mit langen blonden Haaren und einem kurzen Rock ins Vorzimmer. „Hallo!

Du musst Henri sein! Ich bin Maxis Mama. Du kannst Caro zu mir sagen", sie streckte mir ihre Hand entgegen. Wie ferngesteuert nahm ich die Hand und schüttelte kalte Fingerspitzen. Die Fingernägel waren perfekt lackiert, blutrot.

„Habe ich das richtig gehört – hier gibt es jemanden, der Monsanto heißt, wie diese schreckliche Saatgutfirma?", wollte Frau Kaiser wissen. Ich hatte das unbestimmte Gefühl, dass sie gut zu Onkel Anton passte.

„Montesanto", korrigierte ich steif, während ich die Luft anhielt, um nicht in ihrer Parfum-Wolke zu ersticken.

„Maxi?", rief Frau Kaiser, die mir gar nicht zugehört hatte. „Kommst du? Henri ist da."

Maximus schlurfte aus unserer Küche. Die Hände hatte er betont lässig in den Hosentaschen. Er nickte mir zu.

Es war eigenartig, ihn in unserer Wohnung zu sehen. Und mit seiner Mutter. Es war so ganz anders als in der Schule, irgendwie unwirklich.

Im Vorzimmer wurde es langsam eng, daher scheuchte uns Mama ins Wohnzimmer. Sie hatte den Esstisch mit Tannenzweigen und Christbaumkugeln dekoriert und mit Tellern beladen. Wir hatten uns noch nicht gesetzt, da kam Papa aus dem Schlafzimmer. Er hatte ganz rote Augen, als hätte er geweint.

„Du siehst schrecklich aus", stellte Onkel Anton fest, grinste und schlug Papa auf die Schulter. Das war wohl seine Idee von einem Scherz.

„Danke", Papa versuchte ein Lächeln, „ich freue mich auch, dich zu sehen." Dann stellten sich wieder alle vor. Die Situation fühlte sich immer seltsamer an. Nicht nur, dass Anton mit Carola und Maximus in unserer Wohnung war, auch dass Papa im Wohnzimmer stand …

Ich hätte jetzt gerne allein mit Papa geredet, aber das ging nicht. Denn inzwischen saßen wir alle bei Tisch und Mama brachte die Suppe.

Ich beschränkte mich also darauf, Papa zu beobachten. Er sprach und bewegte sich, als wäre er gerade aus einem Koma aufgewacht. Er war ziemlich ungelenk. Einmal stieß er sogar ein Wasserglas vom Tisch. Mama kam sofort und half ihm, alles wieder aufzuwischen, aber Papa war es trotzdem peinlich, das konnte ich sehen.

Während sich Mama um den Hauptgang kümmerte, bemühte sich Papa, ein Gespräch in Gang zu bringen.

Aber bei allem, was er sagte, merkte man, dass er in den letzten Wochen nichts mitbekommen hatte. Das Gespräch brach immer wieder ab. Ich sah, wie Onkel Anton zunehmend die Geduld verlor.

„Man merkt, du bist nicht auf dem Laufenden. Wo hast du deine Nachrichten her? Aus dem Mittelalter?" Dabei lachte er gekünstelt.

Papa warf mir einen entschuldigenden Blick zu und lächelte gequält. Er warf mir überhaupt ständig seltsame Blicke zu, die ich nicht verstand.

„Ich schau mal, ob ich Mama helfen kann", murmelte ich und flüchtete in die Küche.

„Was ist mit Papa los?", wollte ich wissen, als Mama gerade den Braten aus dem Rohr holte. Kein guter Zeitpunkt, Mama verbrannte sich, als ich sie unterbrach.

„Was meinst du, Henri?" Mama ließ kaltes Wasser über ihre Finger rinnen.

„Er ist so komisch."

„Na, das musst du schon verstehen – er hat heute das erste Mal wieder Leute um sich und ... du weißt doch, wie es die letzten Wochen war."

„Das meine ich nicht. Er schaut mich dauernd so komisch an, wie wenn er mir etwas sagen will."

„Ach so ...", sagte Mama und sah plötzlich ganz interessiert dem Wasser zu, wie es über ihre Brandblase floss. „Na ja, also ... ich hab ihm gesagt, er muss sich zusammenreißen und dir ein schönes Weihnachten machen."

„Mir?"

„Ja natürlich. Du wolltest ja die Gäste da haben und dein Vater und ich, nun, wir bemühen uns, dir damit eine Freude zu machen."

Ich schluckte. Jetzt hätte ich es ihr erklären können, ihr von meinem ganzen Plan erzählen können. Aber Mama schaute mich so lieb an, dass ich es nicht übers Herz brachte ihr zu sagen, dass ich diese Gäste ja gar nicht meinetwegen eingeladen hatte.

Stattdessen trug ich hinter Mama die Salatschüsseln zum Tisch. Während sie den Braten aufschnitt, reichte Papa mit zittrigen Händen die Teller herum. Anton war mittlerweile dazu übergegangen, Geschichten aus Papas und seiner Kindheit zu erzählen.

„Als dein Vater klein war, Henri", sagte er, „da hat er so viel geschrien, dass ihn unsere Eltern zum Kinderarzt gebracht haben. Sie haben gedacht, er hat irgendetwas ganz Schlimmes. Der Arzt hat ihn sicher eine Stunde untersucht. Am Ende hat er zu unseren Eltern gesagt: ‚Ihrem Kind fehlt nichts. Ich fürchte, das Schreien ist eine Charaktersache!'" Onkel Anton lachte.

Ich schaute prüfend zu Papa. Seine Augen sagten: Ich schaff das schon, Henri. Ich halt das aus. Es ist ja nur ein Abendessen mit Onkel Anton. „Stimmt, ich hab damals viel geschrien", bestätigte er.

„Ja, besser man schreit früh im Leben als später." Mama lächelte steif.

Aber Onkel Anton gab nicht auf. „In letzter Zeit warst du ja eher still, nicht? Ich könnte mir das nicht leisten, so ohne zu arbeiten ..." Wie er das sagte, klang es boshaft.

Papa räusperte sich: „Ja, stimmt, ich war eine Weile außer Gefecht."

„Ah, so nennst du das?" Onkel Anton funkelte Papa an. Ich sah, wie ihm Frau Kaiser beruhigend die Hand auf den Arm legte, aber Onkel Anton schüttelte sie ab. Ich schaute kurz zu Maximus, der stocherte stumm auf seinem Teller herum.

„Nein, lass mal Carola", Onkel Antons Stimme war scharf. „Man soll die Dinge schon beim Namen nennen. Mein Bruder hat sich ja immer schon gern vor Verpflichtungen gedrückt und sich überall so durchgeschummelt. Er müsste sich halt einmal ein bisschen zusammenreißen. So schwer kann das ja nicht sein?!"

Am Tisch war es plötzlich mucksmäuschenstill. Aus den Augenwinkeln sah ich, wie Mama sich die Schläfen massierte.

Papa schluckte und schloss kurz die Augen. Dann öffnete er sie wieder und atmete hörbar aus. „Erfrischend ehrlich – wie immer", sagte er an Onkel Anton gewandt. Ein Lächeln schaffte er aber nicht mehr. Sein Blick zuckte zum Sofa. Er sah so aus, als würde er sich am liebsten sofort wieder hinlegen und nie mehr aufstehen.

Aber ich hatte ohnehin genug gehört. Ich faltete meine Serviette zusammen und legte sie auf meinen Teller, das Besteck legte ich ganz ordentlich daneben. Ich würde sowieso keinen Bissen mehr hinunterbringen. Dann stand ich auf und ging um den Tisch herum zu Onkel Anton. Mama warf mir einen fragenden Blick zu.

„Onkel Anton?", begann ich, noch einigermaßen gefasst.

„Ja?"

‚Warum bist du eigentlich gekommen?', wollte ich ihn fragen oder ‚Was tust du da?' Aber als ich seine Augen sah, diesen kühlen, überheblichen und leicht gehässigen Blick, mit dem er vor allem Papa bedachte... da war es mit meiner Ruhe vorbei.

„Keiner redet so mit meinem Papa!", schrie ich ihn an. All meine Wut, meine Enttäuschung und die ganze Erschöpfung der letzten Wochen legte ich in meine Stimme und warf sie Onkel Anton an den Kopf.

„Keiner! Auch du nicht! Du bist ein riesengroßer wichtigtuerischer Idiot und hast keine Ahnung von nichts! Ich hätte dich nie einladen sollen!" Ich schnappte nach Luft.

Onkel Anton öffnete den Mund, aber er war zu überrumpelt, um etwas zu sagen. Mama hielt sich die Hand vor die Augen, als wollte sie am liebsten im Boden versinken. Papa, Frau Kaiser und Maximus starrten mich aus weit aufgerissenen Augen an.

Ich schluckte, um meine Emotionen etwas unter Kontrolle zu bringen, aber alles, was ich schaffte, war leiser zu sprechen. Die Wut gab meiner Stimme noch immer eine neue Schärfe: „Wenn du dich nicht benehmen kannst, ist es besser, wenn du gehst und deine ... bescheuerte ... neue ... Familie mitnimmst!"

Onkel Anton war inzwischen tiefrot im Gesicht und setzte an, etwas zu erwidern, aber Frau Kaiser unterbrach ihn.

„Oh, so spät ist es schon", flötete sie. Sie sah Onkel Anton mit bedeutungsvoll hochgezogenen Augenbrauen an und nickte zur Tür: „Ich glaube, wir sollten gehen."

„Ja, das ist eine gute Idee", sagte ich eisig. „Ich hole gleich eure Jacken!"

Aber Onkel Anton war jetzt wie eine Dampfwalze. Er baute sich breit vor mir auf, hielt mich am Arm zurück und holte tief Luft.

Ich machte mich auf den ganzen Aufprall seiner enormen Wut gefasst, als Papa plötzlich neben mir stand. Er schob mich sanft hinter sich.

Onkel Anton spuckte: „Du! Willst du etwa zulassen, dass dein Sohn so mit mir redet?"

„Mein Sohn", erwiderte Papa und richtete sich zu seiner ganzen Größe auf, „hat Recht."

Onkel Anton starrte Papa fassungslos an, aber Papa hielt seinem Blick stand. „Schön, dass ihr gekommen seid." Papas Stimme hatte jetzt einen schneidenden Unterton. „Wir sollten das irgendwann einmal wiederholen – im nächsten Leben vielleicht." Er zeigte auf die Tür. „Du kennst den Weg."

Onkel Anton bewegte sich keinen Millimeter, doch als Frau Kaiser an ihm zog: „Komm Schatz, wir sollten jetzt wirklich gehen", ließ er sich von ihr hinausführen, allerdings nicht ohne einen letzten bitterbösen Blick auf Papa zu werfen.

Maximus rempelte mich im Vorbeigehen an und zischte: „Warte, wenn ich das in der Schule erzähle, was du für einen verrückten Alten hast! Ihr seid ja alle komplett irre!"

Ich grinste, denn ich hatte mir etwas versprochen: Nie wieder würde ich mich von Maximilian Kaiser einschüchtern lassen. „Tja", sagte ich leise und schaute zu Onkel Anton, der Carola Kaiser in den Mantel half, „du gehörst jetzt auch zu dieser verrückten Familie!"

Ohne eine Antwort abzuwarten, sagte ich: „Tschüß, Maxi!", und drehte ihm den Rücken zu. Es gab etwas, das wichtiger war, als Maximilian Kaisers Drohungen anzuhören. Etwas, nach dem ich mich seit Wochen gesehnt hatte. Ich umarmte Papa, und

Papa umarmte mich, und trotz aller Onkel Antons und Maxi Kaisers auf der Welt und in unserem Vorzimmer war alles endlich wieder gut.

Wir saßen alle auf dem Sofa und ich kuschelte mich dicht an Papa. Ich hielt ihn ganz fest, fast so fest wie er mich. Er flüsterte zum zehnten Mal „Ich hab dich lieb!" in mein Ohr. Mama hatte es sich auch bequem gemacht. Sie nippte an einem Glas Wein und lächelte.

„Es tut mir leid, Henri."

„Was denn?"

„Dass nichts aus dem Weihnachtsessen geworden ist. Ich meine, wenn der Anton in der letzten Zeit für dich da war, während ich nicht … also dann …", er hielt die Luft an.

Ich verstand nicht, was Papa mir sagen wollte.

„Mama, wovon redet er?"

„Er denkt, Onkel Anton ist in den letzten Wochen zu einem Vaterersatz geworden, und du wolltest ihn deshalb unbedingt zu Weihnachten hier haben." Mama nahm noch einen Schluck Wein und sah uns nachdenklich an.

„Und jetzt habe ich alles verdorben, weil ich nicht besser gute Miene zum bösen Spiel machen konnte …", ergänzte Papa.

„Du hast dir die ganzen Beleidigungen nur wegen mir angehört?", staunte ich.

Statt einer Antwort zog mich Papa noch etwas fester an sich.

„Das war ja ziemlich blöd", sagte ich aus tiefstem Herzen. „Ich habe den Onkel Anton doch nur für *dich* eingeladen."

Papa starrte mich verblüfft an. Dann lachte er: „Das war ja ziemlich blöd!"

Ich verdrehte die Augen. „Aber du hast dauernd das Foto angeschaut von Weihnachten, als ihr beide noch Kinder wart. Und alle haben gesagt, du hattest Weihnachten immer so gern."

„Stimmt, das ist wahr", Papa räusperte sich. „Ich hatte Weihnachten gern, weil es der einzige Tag war, an dem der Anton mich in Ruhe gelassen hat ... weil er mit seinen Geschenken beschäftigt war."

„Papa", sagte ich nachdenklich, „ich habe den Anton nur für dich eingeladen und du hast ihn nur für mich ausgehalten ..."

„Ja ..."

„Ich glaube, es ist besser, wenn sich ab jetzt jeder nur mehr um das kümmert, was er selber will."

Papa gab mir einen Kuss auf die Stirn. „Versprochen Henri!"

Eine Weile saßen wir schweigend zusammen und lauschten den Weihnachtsliedern, die aus einer der Nachbarswohnungen zu uns herüberklangen. Mama stand auf und ging in die Küche.

„Ich habe vor dem Essen deine Briefe gelesen", sagte Papa plötzlich, als wir allein waren.

„Deine Mutter hat sie mir unter die Nase gehalten."

Er strich mir über die Haare.

„Was du alles für mich aufgegeben hast ...", Papa klang fast ehrfürchtig. „Elsie ..."

Ich boxte ihm sanft in die Rippen. „Ach, vergiss es ..."

„Ich würde Signore Montesanto gerne kennenlernen", sagte Papa.

„Ich auch", meinte Mama, die in dem Moment wieder ins Wohnzimmer trat. Ich schaute zum Tisch. Die Hauptspeise war weggeräumt, aber im Kühlschrank wartete noch ungefähr eine Wagenladung Schokomousse.

Papa hatte mir einen Zettel in die Hand gedrückt.

Sehr geehrter Herr Signore Montesanto, **stand darauf.**

Wir kennen uns nicht persönlich, aber in den letzten Wochen haben Sie meinem Sohn ein paar Dinge beigebracht, von denen ich auch eine Menge gelernt habe. Deshalb möchten meine Frau und ich Sie einladen, den Heiligen Abend mit uns zu verbringen. Wir würden uns sehr freuen,

Felix (Henris Papa)

„Wird er kommen?", wollte Papa wissen.
„Natürlich", grinste ich. „Schließlich weiß ich, wie ich fragen muss!"

Es dauerte eine Weile bis Signore Montesanto mein Klopfen hörte.
„Henri, ist alles in Ordnung?"
„Ja. Papa schickt Ihnen eine Einladung." Ich überreichte den Zettel.
Der Signore überflog ihn. „Das ist nett, aber am Heiligen Abend will ich nicht stören, das ist ein Familienfest."
Mit dieser Antwort hatte ich gerechnet.
„Mama lässt fragen, ob Sie für die Nachspeise eine Flasche Grappa mitbringen können", sagte ich.

Der Signore lachte. „Guter Versuch, Henri. Da muss ich mich wohl von meiner Verabredung für heute Abend trennen. Ich gebe dir die Flasche gleich mit."

Er wollte die Flasche holen, als ich ihn unterbrach.

„Das war noch nicht alles", sagte ich mit einer Unschuldsmiene, wie sie Maximus nicht besser hinbekommen hätte.

Signore Montesanto schaute mich misstrauisch an. „Ja?"

„Die Frau Pelinka kommt auch!"

„Nein, das darf doch nicht wahr sein!"

„Ja, wissen Sie", sagte ich, „sie hat sonst niemanden und wir feiern heuer Weihnachten mit den Nachbarn. Aber wenn Sie nicht kommen wollen ...", ich drehte mich um und ging zu den Stiegen.

Ich war noch keine drei Schritte gekommen, als der Signore hinter mir rief: „Warte auf mich! Ich muss nur noch den Grappa holen!"

Und dann hatten wir ein wunderschönes Weihnachten. Wir löffelten Schokoladenmousse, knabberten Vanillekipferl und packten Geschenke aus.

Frau Pelinka probierte Kaffee mit Grappa und blühte auf. Statt unangenehme Fragen zu stellen, erzählte sie erstaunlich lustige Geschichten aus ihrer Kindheit.

Der Signore wurde ganz still, als er den Italien-Reiseführer auswickelte, den ich für ihn besorgt hatte, und wollte das Buch gar nicht mehr aus der Hand geben.

In dem Päckchen von Signore Montesanto waren James Bond-Filme für mich: „Im Geheimdienst Ihrer Majestät" und „Man lebt nur zweimal".

„Quasi ein Kollege, 007", flüsterte der Signore mir verschwörerisch zu.

Papa freute sich auch über sein Geschenk, ein selbstgemaltes Bild von einem Goldfisch. „Ich wollte nicht, dass du nur mehr die Decke zum Anstarren hast." Er stellte das Bild gleich dahin, wo früher Goldies Glas gestanden hatte.

Dann stießen wir alle auf Goldie und die große Freiheit an. Und die Stille, die diesem Trinkspruch folgte, roch nach Tannennadeln und Schokolade und schmeckte wie Vanillekipferl.

OFFENE RECHNUNGEN

Auch der beste Heilige Abend dauert nicht ewig und auch die Weihnachtsferien sind irgendwann vorbei. Viel zu schnell war es wieder an der Zeit, in die Schule zu gehen.

Es dauerte ungefähr fünf Minuten, bis jeder in der Schule die größten Neuigkeiten der Ferien kannte: Maximilian Kaiser und Elsie Johansson waren ein Paar.

Leon hatte die beiden beim Händchenhalten fotografiert.

Maximus wollte mich kränken, indem er mir das Foto unter die Nase rieb, aber ich stellte fest, dass mir mittlerweile herzlich egal war, mit wem Elsie ihre Zeit verbrachte.

Davon abgesehen ließ mich Maximus in Ruhe – nur er und ich wussten, warum. Alle anderen piesackte er auf die gewohnte Art, vor allem Florian.

Ich hätte damit glücklich sein können. Ich hatte meinen Frieden. Aber Signore Montesanto hatte einmal zu mir gesagt: „Wenn du stark genug bist, dir selbst zu helfen, bist du auch stark genug, anderen zu helfen." Seit dem Weihnachtsabend fühlte ich mich irgendwie stark. Ich wusste also, dass ich etwas unternehmen sollte. Dennoch – ein bisschen zitterten mir die Knie noch immer. Aber zumindest meine Stimme war fest, als ich Maximus in der Pause ansprach.

„Wir sollten reden", sagte ich.

„Was sollte ich mit dir zu bereden haben?"

„Du heißt zwar ‚Kaiser' aber du musst dich nicht so aufführen wie einer." Ich sah Maximilian gefasst in die Augen.

„Hör auf damit, den Florian zu schikanieren", forderte ich.

„Ich schikaniere niemanden. Ich sage nur, was ich möchte. Ich kann nichts dafür, wenn alle gleich rennen und machen, was ich will." Maximus grinste hämisch. „Und du wirst nichts daran ändern können ..."

Oh doch, das konnte ich.

„Alles, was du jetzt hast, hab ich eingefädelt", erinnerte ich ihn. „Deine Mathenoten, dass deine Mama Weihnachten bei dir geblieben ist, dass Elsie dich geküsst hat ..."

Ich machte eine kurze Pause, damit Maximus Zeit hatte, meine Worte zu verdauen.

„Wenn ich etwas einfädeln kann", ich sah ihn bedeutungsvoll an, „dann kann ich es auch ausfädeln." Und in einem beiläufig interessierten Ton fügte ich hinzu: „Willst du das?"

Maximus starrte mich an. Öffnete den Mund und schloss ihn wieder. Es war das erste Mal, dass ich ihn sprachlos erlebte. Schließlich drehte er sich einfach um und ging. Und ich wusste, ich hatte gewonnen. Ein für alle Mal.

Am ersten Tag der Semesterferien lief ich auf einen Bahnsteig und suchte Signore Montesanto. Es dauerte nicht lange, bis ich ihn gefunden hatte. Er hatte einen Lederkoffer bei sich und den Italien-Reiseführer in der Hand, saß auf einer Bank und ließ sich die Sonne ins Gesicht scheinen.

„Signore Montesanto!"

„Henri? Das ist eine Überraschung, du kommst dich verabschieden?"

„Nein, ich komme mit." Ich grinste. „Freunde machen das so, oder? Füreinander da sein. Sie glauben ja nicht, dass ich Sie mit

Ihrer Vergangenheit alleine lasse? Was ich da alles verpassen könnte …" Ich zwinkerte ihm zu.

Signore Montesanto lachte. „Du kennst mich zu gut, Henri. Aber wenn ich dich mitnehme, dann werde ich am Ende noch wegen Kindesentführung verfolgt."

„Wollen Sie keinen Spaß unterwegs?"

„Eine Entführung wäre es nicht", unterbrach Papa, der uns auch endlich gefunden hatte. „Henri hat seinen Reisepass im Koffer", Papa hielt den Koffer hoch, den er für mich trug, „und ich habe mir erlaubt, in Florenz ein Zimmer für Sie beide zu buchen." Er lächelte verlegen: „Als Dankeschön …"

„Ich verstehe. Das ist von langer Hand geplant?"

„Sozusagen", sagte Papa. „Henri meinte, er hat sich so lange mit meinen Fehlern beschäftigt, dass er jetzt lieber selber welche machen will." Papa grinste schief. „Außerdem war Henri sicher, dass Sie sich freuen, wenn er mitkommt. Aber wenn Sie lieber alleine fahren …"

Der Signore beeilte sich einzulenken: „Nein, nein, um ehrlich zu sein, etwas Gesellschaft, für ein paar Tage – ja, das wäre wunderbar!"

„Gut, wo sitzen wir?", wollte ich wissen. „Papa, gib mir mal bitte meinen Koffer."

Die Sonne wärmte uns die Wangen, ich half Signore Montesanto einzusteigen. Wir setzten uns ans Fenster, wo wir Papa noch winken konnten, als sich der Zug in Bewegung setzte. Er sah ein bisschen verloren und müde aus, aber er lächelte.

„Wie lange ist es her, seit Sie Nicola das letzte Mal gesehen haben?", fragte ich.

Der Signore schaute zu, wie die Stadt an uns vorüberzog.

Als ich schon dachte, er würde nicht mehr antworten, sagte er: „Viel zu lange. Fünfzig Jahre vielleicht. Eine lange Zeit, um nur von Abenteuern zu träumen." Er lächelte schief, holte seinen Kugelschreiber aus der Tasche und drehte ihn zwischen den Fingern.

„Weiß Nicola, dass Sie kommen?"

Signore Montesanto brummte ein unbestimmtes „Hm". Das konnte alles bedeuten.

Aber ich ließ nicht locker: „Was wird sie sagen, wenn Sie plötzlich auftauchen?"

„Wahrscheinlich, dass ich alt geworden bin!" Der Signore lächelte verschmitzt. „Aber ich kann doch nicht sterben, ohne jemanden glücklich gemacht zu haben! Und alt oder nicht, für eine gute Sache ist es nie zu spät!"

Eine Weile waren wir beide still. Der Zug ratterte an einem Teich vorbei und ich musste an Goldie denken.

„Ob es Goldie gut geht?"

Der Signore murmelte: „Wer kann das schon sagen? Die Freiheit ist eine gefährliche Sache."

Ich dachte an Papa und an seine Zeit auf dem Sofa. Und an die vielen Jahre, die der Signore davon geträumt hatte, Nicola zu besuchen und es nicht getan hatte. „Ja", sagte ich, „aber die Angst vor der Freiheit ist noch viel gefährlicher!"

„Da hast du Recht!", lachte Signore Montesanto.

Mit einer entschlossenen Bewegung steckte er seinen Kugelschreiber wieder ein. Plötzlich fiel sein Blick auf das Päckchen, das ich die ganze Zeit in meinen Händen gehalten hatte.

„Was hast du da?", brummte er.

Ich wurde augenblicklich ein bisschen rot. „Das ist von Marie. Ich ... ich hab ihr alles erzählt. Und sie hat mir das für die Reise mitgegeben."

Ich öffnete Maries Päckchen und der Signore sah mir gespannt zu.

„Schokoladepflaumen und ein Buch", sagte ich.

„Das Mädchen hat Geschmack", rief der Signore entzückt.

„Ah, Liebesgrüße aus Moskau", meinte er mit Kennermiene. „Habe ich dir schon erzählt, wie Nicola und ich in Moskau ein Flugzeug entführen mussten?"

Ich lehnte mich zurück, biss in eine Schokoladepflaume, schloss die Augen und war glücklich. Diese Geschichte kannte ich noch nicht.

Es gibt einige Menschen, ohne die diese Geschichte nicht entstanden wäre: Danke an **Hilde Jawad-Estrak, Douglas W. Ludwig** und **Guy N. L. Jameson,** an **Elfie Donnelly** und **Matt Buchman** für ihre wunderbaren Schreibtipps, **Vivien Bronner** für ein geniales Drehbuch-Seminar, **Karin Haller** für das Beseitigen aller Leichen aus dem Plot und **Jutta Treiber** für wertvolles Feedback.

Reinhard Ebner und **Petra Hillebrand** haben Henri mit bewundernswerter Ausdauer begleitet, haben kritisiert und motiviert und wurden von den besten Test-Lesern aller Zeiten zu den besten Freunden.

Danken möchte ich auch meiner Lektorin **Katrin Feiner,** die sich die Geschichte sehr einfühlsam zu eigen machte und bei allen Details einen wunderbaren und unentbehrlichen Blick aufs Ganze behielt.

Danke auch an meine **Eltern** – für die Schatzinsel, die Sterntagebücher und den besten Ort zum Schreiben.

Tanja Fabsits, geb. 1976, studierte Biologie, ist Redakteurin für Wissenschaft und Medizin in Wien, gewann 2016 den DIXI Kinderliteraturpreis. Schaut zu Hause regelmäßig unters Kinderbett, um das Monster, das dort wohnt, zu fragen, ob es vielleicht auch eine Einschlafgeschichte hören will.